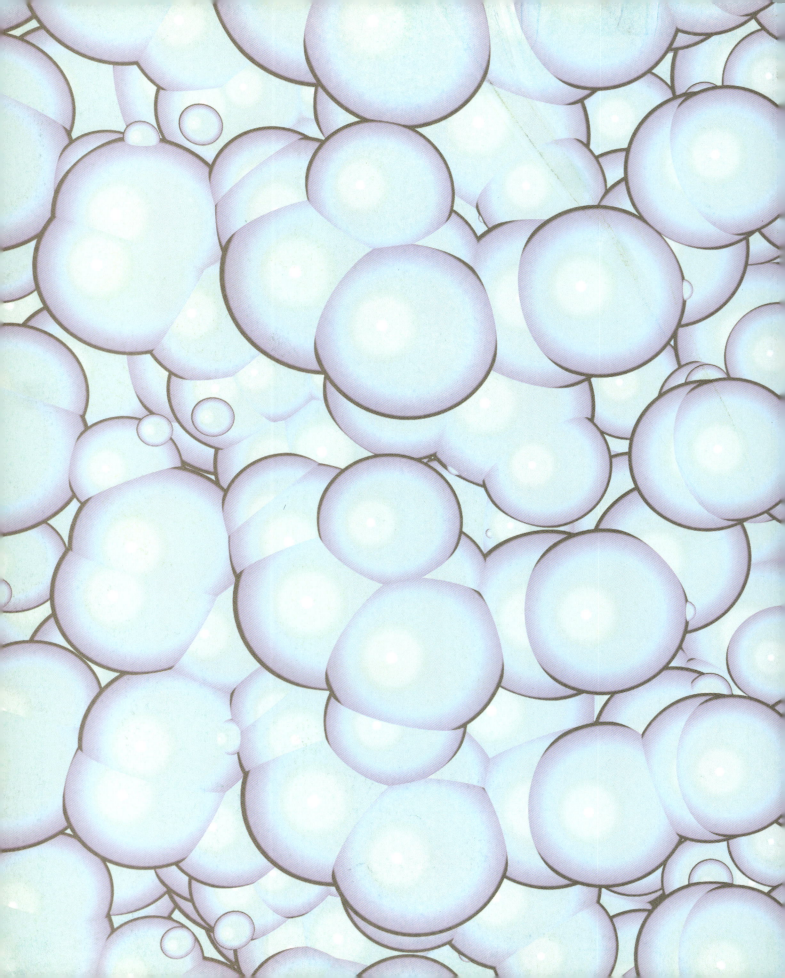

Tekst: John Guest
Adviezen: Ben Robinson, Ade Scott-Colson, Tony Sizer en John Williams
Productie: Tall Tree Ltd, Londen

Copyright © Parragon Books Ltd

Alle rechten voorbehouden. Niets uit deze uitgave mag worden verveelvoudigd en/of openbaar gemaakt door middel van druk, fotokopie, microfilm of op welke andere wijze ook zonder voorafgaande schriftelijke toestemming van de uitgever.

Copyright © 2009 voor de Nederlandstalige editie:

Parragon Books Ltd
Queen Street House
4 Queen Street
Bath BA1 1HE, UK

Productie: Tekstkader, Utrecht
Vertaling: Ingrid Hadders
Redactie: Tanja Timmerman
Zetwerk: de ZrIJ, Utrecht

ISBN 978-1-4075-7237-6

Printed in Malaysia

# Inhoud

Inleiding 6

Complex lijf 8

Ziek of gezond 34

Dit geloof je niet! 60

Mens en wereld 86

Aarde en ruimte 112

Absurde natuur 138

Vreemde vogels 164

Wauw, wetenschap 190

De droge feiten 216

Register 220

# Inleiding

In dit waanzinnige boek lees je over rare en vreemde dingen. Over de grootste, gekste en gemeenste mensen die ooit hebben bestaan. Over de wonderlijke aspecten van het leven en de verbazingwekkende ideeën en ongelooflijke technologie die de mens heeft ontwikkeld. Maar er is meer dan de mens. Er zijn wezens die veel raarder zijn dan wij en er zijn plaatsen op onze planeet waar dingen gebeuren die je gewoonweg niet gelooft! En als je de ruimte in gaat, wordt het allemaal nog veel vreemder ...

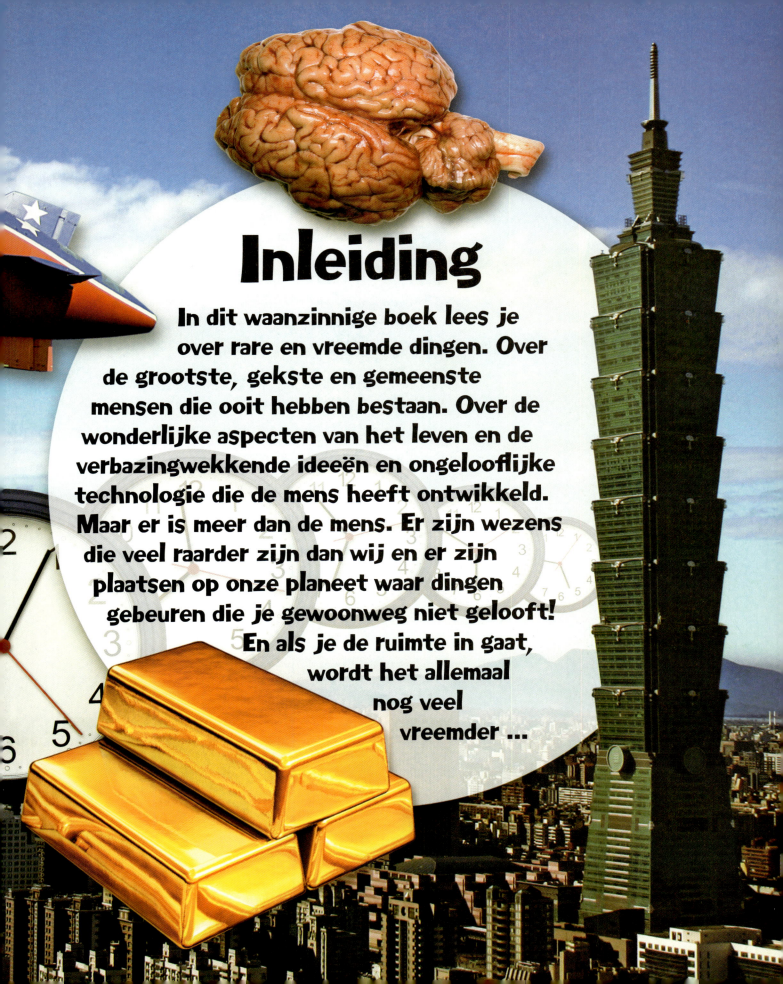

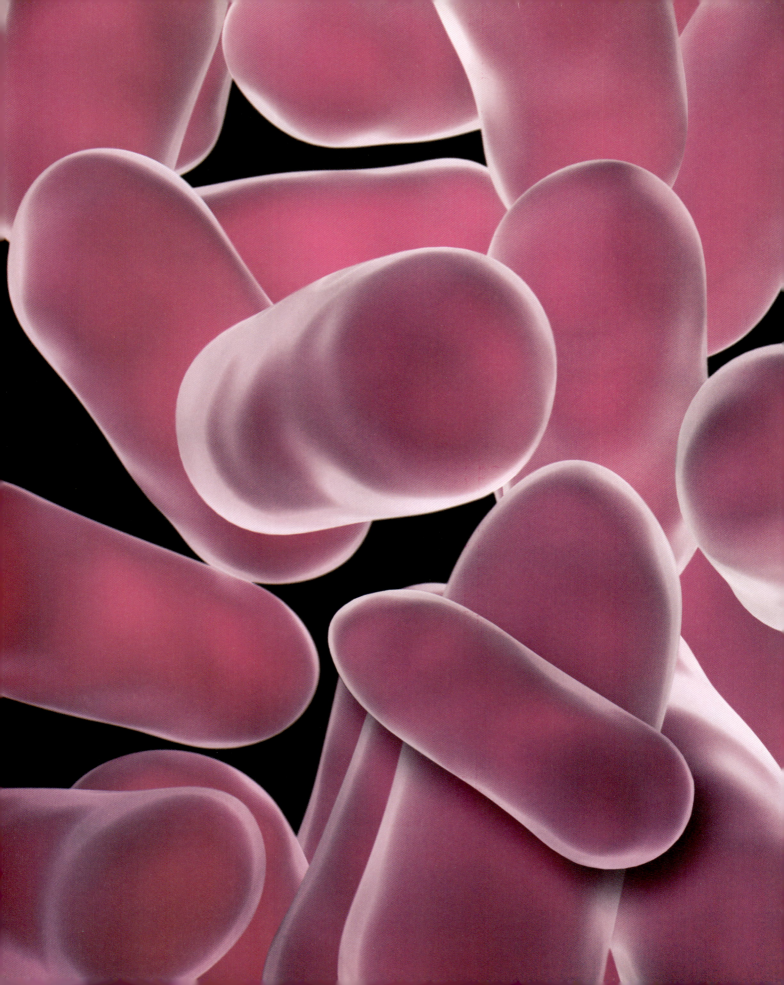

# COMPLEX LIJF

Je lijf is ongelooflijk: er gebeurt zo ontzettend veel vanbinnen! Biljoenen bacteriën werken bijvoorbeeld samen om je voedsel te verteren en één oog bevat 130 miljoen lichtgevoelige orgaantjes. En alles wordt gestuurd door je hersenen, die zo complex zijn dat je je er niets bij voor kunt stellen!

Superzintuigen!

Sterk spul!

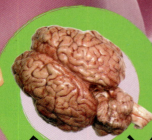
Briljant brein!

**COMPLEX LIJF**

# Briljant brein

Ze zien eruit als een bord spaghetti, maar je hersenen zijn wel een van de wonderbaarlijkste dingen in het heelal.

> ☞ Er zijn in je hersenen net zoveel verbindingen als er sterren aan de hemel staan.
>
> ☞ Elk stel hersenen heeft een uniek kronkelpatroon op de hersenschors.

Bij de vrouw beslaan de hersenen gemiddeld 2,5% van het totale lichaamsgewicht. Bij de man is dat 2%. Toch zijn de hersenen van een man zwaarder, omdat een man gemiddeld meer weegt dan een vrouw.

## Hersenpan

✎ Je hersenen bestaan voor 80% uit water.

✎ Een vijfde van alle zuurstof die je inademt, gaat naar je hersenen.

✎ Je hersenen hebben een kwart van je bloedvoorraad nodig.

✎ Elke minuut gaat er ruim 800 ml bloed door je hersenen.

✎ In het lab kunnen wetenschappers nu menselijke hersenen kweken in een petrischaaltje.

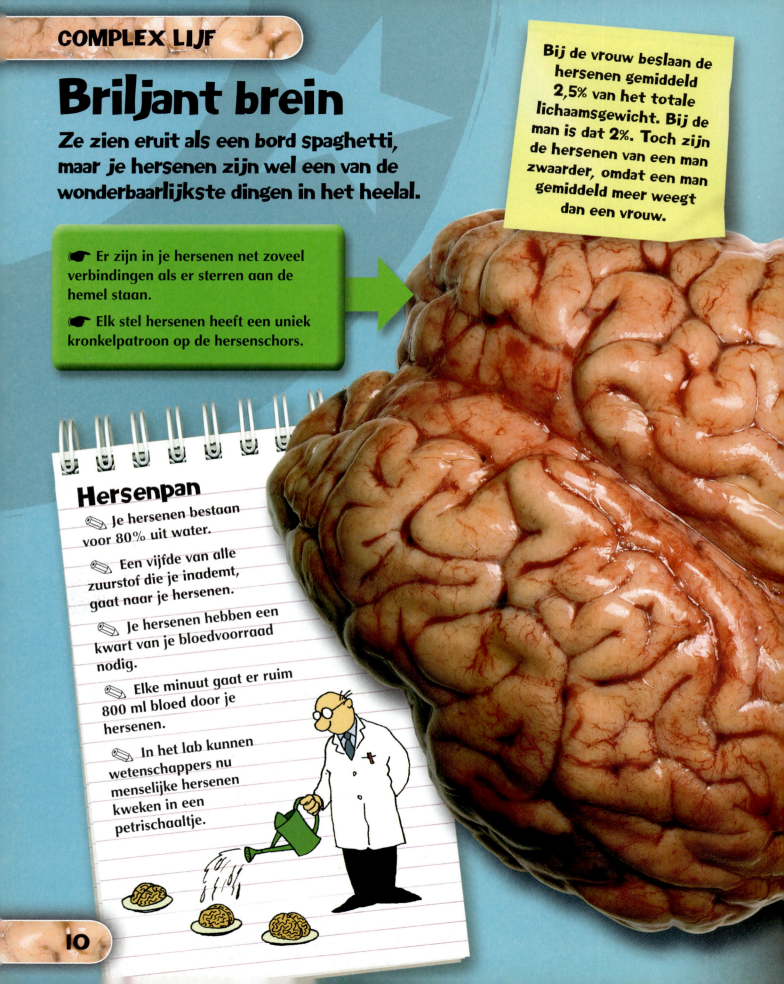

Chirurgen kunnen een hersenoperatie uitvoeren als de patiënt bij is: de hersenen voelen geen pijn als erin gesneden wordt.

**ECHT ZENUWEN WAAR!**

☛ Neuronen of zenuwen sturen met elektriciteit signalen door je lijf.

☛ Als je al je zenuwen aan elkaar zou knopen, kom je tot 80 km.

☛ Zenuwen kunnen signalen versturen met een snelheid van 90 meter per seconde.

☛ In de baarmoeder maakte je elke seconde 250.000 zenuwen aan.

☛ Na je geboorte krijg je nog amper nieuwe zenuwen. Op je tiende is de helft al afgestorven. Maar er blijven er gelukkig nog genoeg over.

➥ Je hersenen hebben 100.000.000.000 (100 miljard) neuronen.

➥ Elk neuron is verbonden met 25.000 andere neuronen.

**COMPLEX LIJF**

# Superzintuigen

Je lijf vertelt je wat er loos is dankzij je neus, oren, ogen, tong en tastzin.

In 2001 wilde het Amerikaanse leger stinkbommen ontwikkelen om tegen oproerkraaiers te gebruiken. Ze ontdekten dat de ergste stank die van poep met rotte uien was.

### Superreuk
➤ In je neus zitten 1000 verschillende geurreceptoren.

➤ Je neus kan talloze geuren herkennen.

➤ De geur van een framboos komt van 300 verschillende chemicaliën.

## Superzicht

☛ Elk oog heeft 130 miljoen lichtgevoelige orgaantjes in een gebiedje zo groot als een postzegel.

☛ Een oog bevat meer dan 5 miljoen kegeltjes die kleuren onderscheiden.

☛ Je knippert 10 tot 24 keer per minuut. Dat is 415 miljoen keer in je leven.

☛ Je hebt per oog 200 wimpers om je ogen te beschermen tegen stof.

☛ Eén oogbol weegt ongeveer 7,5 gram en bestaat vooral uit water.

## Supergehoor

✏ Je oor onderscheidt twee aparte geluiden zelfs als er maar 0,0000001 seconde tussen zit.

✏ Je oren kunnen hoge geluiden van wel 20.000 hertz en lage geluiden van maar 20 hertz horen.

✏ Honden horen geluiden van 15 tot 50.000 hertz. Dolfijnen horen zelfs geluiden tot 120.000 hertz.

✏ Je oren ploppen als je duikt of met een vliegtuig opstijgt of daalt, doordat je trommelvlies naar binnen en buiten wordt gedrukt. Zo zorg je er zelf voor dat er aan beide kanten evenveel druk is, anders zouden je trommelvliezen knappen.

## Supertastzin

✏ Je vingers zijn zo gevoelig dat ze het zelfs merken als iets 0,02 mm beweegt.

✏ Je huid heeft 200.000 warmte- en koudesensoren, 500.000 tast- en druksensoren en bijna 3 miljoen pijnsensoren.

## Supersmaak

➤➤ Op je tong zitten 8000 smaakpapillen.

➤➤ Je tong kan maar 5 smaken herkennen: zoet, zuur, zout, bitter en hartig.

➤➤ De smaak 'hartig' noemen we wel *umami*; dat is Japans.

➤➤ Een tong kan een drupje citroensap herkennen in 129.000 druppels water.

**COMPLEX LIJF**

# Schilferhuid

De huid is je grootste orgaan. Hij houdt je binnenkant binnen en je buitenkant buiten!

## Oppervlakkig

👉 De huid is het zwaarste deel van je lijf en weegt 2,2 tot 4 kg.

👉 Als je al je huid plat neer zou leggen, krijg je een lap van 1,4 tot 1,85 meter groot.

👉 Onder je voeten is je huid ruim 6 mm dik, op je oogleden maar 0,5 mm.

## Tweede huid

✏️ Elke minuut verlies je 30.000 tot 40.000 huidcellen. Elke maand wordt de buitenste laag van je huid compleet vernieuwd.

✏️ Elk jaar verlies je wel 900 gram huid – genoeg om de koektrommel te vullen!

Dacht jij nu echt dat je bed brandschoon is? Op dit moment zitten waarschijnlijk miljoenen van deze minuscule stofmijten (zie foto) te smullen van jouw oude huidcellen. Lekker idee!

## ECHT PUISTEN WAAR!

☞ Puisten ontstaan als klieren die wasachtige, vette talg of huidsmeer maken, overwerkt en verstopt raken.

☞ Mee-eters worden zwart doordat keratine (waar ook je haar van gemaakt is) in de klieren wordt verzameld en de talg naar buiten duwt, zodat die aan de lucht wordt blootgesteld.

☞ Een puist krijgt een witte kop als er maar een beetje talg boven op de klier zit, die niet aan de lucht wordt blootgesteld.

☞ Puisten worden misschien veroorzaakt door te veel vet en suiker. Maar hormonen spelen ook een belangrijke rol.

Slechts de helft van het stof in huis bestaat uit oude huidcellen. Roos is ook dode huid, afkomstig van je hoofd, die samengeklonterd is en er onder de microscoop zo uitziet.

➻ Als je bloed klontert of dikker wordt, werken 16 verschillende chemicaliën samen om van het vloeibare bloed een droog korstje te maken.

➻ Korstjes ontstaan al binnen 10 seconden nadat je je hebt gesneden.

15

**COMPLEX LIJF**

# Groeiende delen

Er zijn onderdelen van je lijf die maar blijven groeien en die we geregeld knippen. Nou ja, misschien niet iedereen …

**ECHT HAAR WAAR!**

☞ Haar groeit sneller dan al je andere lichaamsdelen.

☞ Op je hoofd groeien zo'n 100.000 haren.

☞ Blonde mensen hebben meer haren dan roodharigen: 150.000 in plaats van 90.000.

☞ Haren groeien ongeveer 1,3 cm per maand.

➤➤ Bij warm weer groeit je haar sneller.

➤➤ De meeste haren vallen uit als ze 90 cm lang zijn.

➤➤ Een touw van 1000 haren zou een volwassen man omhoog kunnen trekken.

➤➤ Je haren rijzen je te berge als je enorm schrikt, want je spieren trekken ze overeind waardoor jij groter lijkt.

➤➤ Mensen hebben evenveel haren op hun lijf als chimpansees.

16

## Bossige baarden

👉 De Noor Hans Langseth had een baard van 4,8 meter toen hij in 1927 stierf.

👉 Baardharen zijn het snelst groeiende haar van de mens. Als een man zich nooit zou scheren, zou hij aan het eind van zijn leven een baard van ruim 9 meter hebben.

👉 Baarden, en alle andere haren, zijn gemaakt van de sterke stof keratine. Nagels, hoeven en veren zijn hier ook van gemaakt.

## Nagelbijten

✏️ Een vingernagel vernieuwt zich in 6 maanden.

✏️ De nagel van je middelvinger groeit het snelst, die van je duim het langzaamst.

✏️ Je vingernagels zouden 28 meter worden als je ze nooit van je leven zou knippen.

✏️ De langste nagels ooit waren van Sridhar Chillal uit Pune in India. Zijn nagels waren samen 7 meter toen hij ze uiteindelijk afknipte – en ze op internet verkocht voor bijna 150.000 euro!

✏️ Mensen verven al minstens 5000 jaar hun nagels in verschillende kleuren.

## COMPLEX LIJF

# Lichaamssappen

Je lijf produceert veel vocht en soms begint dat te lekken ...

➤➤ Alle luchtkanalen in je lichaam zijn met slijmerig snot bekleed.

➤➤ Snot beweegt met een snelheid van 1,2 cm per uur door je lichaam.

➤➤ Je recyclet bijna 1 liter snot per dag door het door te slikken.

➤➤ Snot is beslist geen nutteloze viezigheid. Je lijf brengt troep met dat snot naar buiten en het snot beschermt de binnenkant van je luchtwegen.

Koeien maken meer dan 2000 keer zoveel slijm aan als mensen. Koeienslijm bevat een antibioticum dat misschien ooit eens als medicijn gebruikt zal worden.

### Snot

☞ Voor die opgedroogde stukjes snot zijn allerlei namen verzonnen: frutjes, snotjes, bullebakjes. Hoe noem jij ze eigenlijk? Er zit allerlei troep in die je hebt ingeademd, zoals stof, pollen, bacteriën, zand, schimmels en rook.

☞ Je snotjes hebben de kleur van het stof van de plaatsen waar je geweest bent.

Tranen bevochtigen je ogen als je knippert – ongeveer 20 keer per minuut. Er passen 100 tranen in een theelepel. In je leven huil je 53 liter, dat zijn zo'n 1.850.000 tranen.

## ECHT NIEZEN WAAR!

☛ Niezen is een reflex: het gebeurt automatisch. Onderdeel van die reflex is dat je je ogen dichtknijpt.

☛ Bij het niezen klapt je hoofd harder voorover dan in een achtbaan.

☛ We zeggen waarschijnlijk 'gezondheid' tegen iemand die niest omdat men vroeger dacht dat je ziel dan even je lichaam verliet. Een duivel zou je dan ziek kunnen maken en door 'gezondheid' te zeggen houd je die duivel op afstand.

☛ Een op de vier mensen moet niezen als hij in fel licht kijkt.

☛ Het wereldrecord niezen staat op naam van de 12-jarige Donna Griffiths, die 1 miljoen keer achter elkaar nieste!

➤➤ In je oren zitten 2000 klieren die oorsmeer aanmaken.

➤➤ Oorsmeer kan grijs, geel, oranje of bruin zijn. Het kan droog of vochtig zijn.

➤➤ Je oren maken constant oorsmeer aan. Ook op dit moment ...

Als je niest, razen lucht en snot met een snelheid van 160 km per uur naar buiten.

## COMPLEX LIJF

# Sterk spul

Je spieren zijn die delen van je lijf die je bij elkaar houden en laten bewegen.

40% van je lichaamsgewicht bestaat uit spieren. Als je al je spieren tegelijk kon spannen, kon je een bus optillen.

Voor een lach gebruik je 17 spieren, voor een frons 43. In je gezicht zitten talloze kleine spieren, die je voortdurend gebruikt.

De grootste spier in je lijf is je bilspier, de gluteus maximus. Gluteus is Latijn voor 'bil'. De gluteus maximus is de grootste van de drie spieren in je billen.

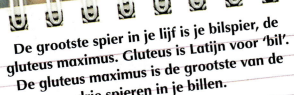

➤➤ De grootste spieren van je lichaam zijn gemaakt van honderden kleinere spierbundeltjes.

➤➤ Je langste spier is de sartorius of kleermakersspier aan de binnenkant van je dijbeen. Als je in kleermakerszit zit, gebruik je deze spier.

➤➤ Je breedste spier is de buitenste schuine buikspier, die van je ribben naar je heupen loopt.

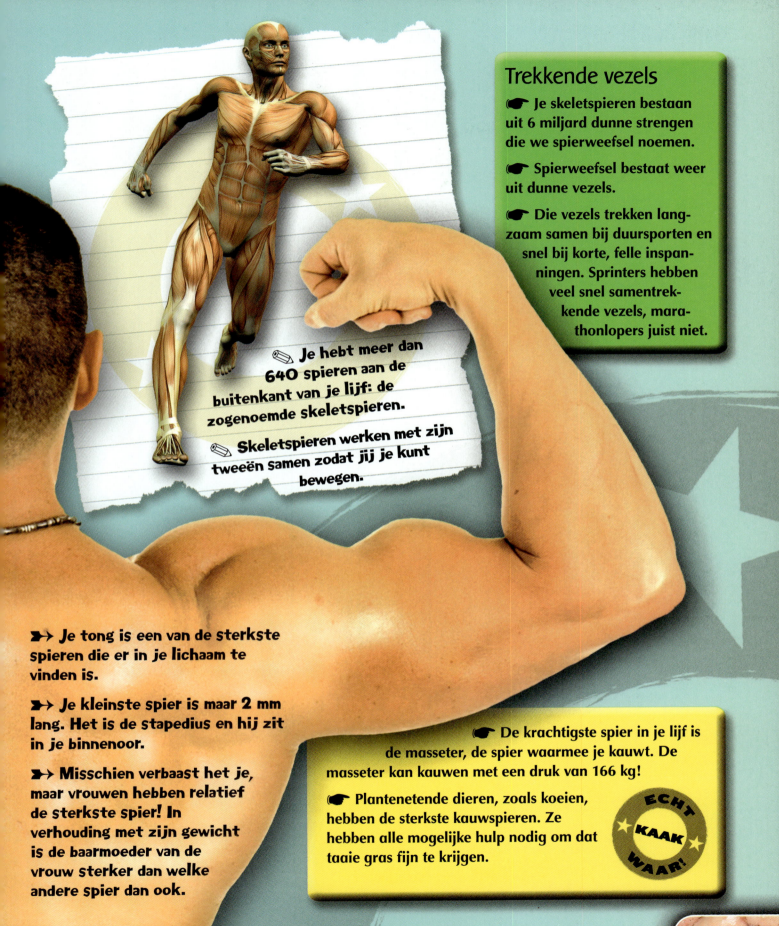

## Trekkende vezels

☞ Je skeletspieren bestaan uit 6 miljard dunne strengen die we spierweefsel noemen.

☞ Spierweefsel bestaat weer uit dunne vezels.

☞ Die vezels trekken langzaam samen bij duursporten en snel bij korte, felle inspanningen. Sprinters hebben veel snel samentrekkende vezels, marathonlopers juist niet.

✎ Je hebt meer dan 640 spieren aan de buitenkant van je lijf: de zogenoemde skeletspieren.

✎ Skeletspieren werken met zijn tweeën samen zodat jij je kunt bewegen.

➤➤ Je tong is een van de sterkste spieren die er in je lichaam te vinden is.

➤➤ Je kleinste spier is maar 2 mm lang. Het is de stapedius en hij zit in je binnenoor.

➤➤ Misschien verbaast het je, maar vrouwen hebben relatief de sterkste spier! In verhouding met zijn gewicht is de baarmoeder van de vrouw sterker dan welke andere spier dan ook.

☞ De krachtigste spier in je lijf is de masseter, de spier waarmee je kauwt. De masseter kan kauwen met een druk van 166 kg!

☞ Plantenetende dieren, zoals koeien, hebben de sterkste kauwspieren. Ze hebben alle mogelijke hulp nodig om dat taaie gras fijn te krijgen.

**ECHT KAAK WAAR!**

COMPLEX LIJF

# In de ingewanden

Als je je eten niet over je shirt morst, waar gaat het dan allemaal naartoe?

**ECHT ETEN WAAR!**

👉 Het duurt 8 seconden voor het eten je maag heeft bereikt.

👉 Je maag heeft 6 tot 7 uur nodig om een driegangenmaaltijd te verwerken.

👉 Daarna reist je eten in 3 tot 5 uur door je dunne darm.

👉 In totaal heeft je eten ongeveer 24 uur nodig om van je mond naar de uitgang te komen.

👉 Vet is zo moeilijk te verteren dat het in dikke klonten in je ingewanden blijft zitten. Het wordt uiteindelijk opgelost door gal, die door de galblaas wordt aangemaakt.

Een gemiddelde mens eet in zijn leven zo'n 30.000 kg. Dat is ongeveer 80 paarden, 6 olifanten of een halve blauwe vinvis.

⇒ Je eten wordt door je lijf geduwd doordat je spieren samentrekken. Je eten zakt dus zelfs als je op je kop zou staan.

⇒ Een lege maag heeft een inhoud van amper een halve liter. Maar na een flinke maaltijd rekt hij op tot wel 3 liter.

Je dunne darm heeft een gigantisch oppervlak, maar hij kronkelt en slingert. De kleine knobbels noemen we darmvlokken of villi. Als je ze glad zou strijken, had je een mooi tapijtje voor je héle slaapkamer.

## Zuuraanval

🖉 Je maag produceert zuur dat zo sterk is dat een botje in een paar uur opgelost is.

🖉 De sappen in je maag die het eten verteren zijn zo zuur dat ze zelfs metaal kunnen laten oplossen!

🖉 Je lijf maakt elke dag meer dan 5,5 liter maagsap aan en recyclet een groot deel daarvan.

## Darm-tastisch!

☛ Als je je darmen recht zou kunnen leggen, zouden ze ongeveer zes keer zo lang zijn als jijzelf.

☛ Je dunne darm is verdeeld in de twaalfvingerige, de nuchtere en de kronkeldarm.

☛ Je dikke darm bestaat uit de blindedarm, de karteldarm en de endeldarm.

23

COMPLEX LIJF

# Hou van je hart

Bloed brengt voedingsstoffen naar al je cellen en voert afval af. Je hart pompt het bloed door je lijf.

## Pomppower

➤➤ Gedurende je hele leven pompt je hart waarschijnlijk 170 miljoen liter bloed door je lichaam – daarmee kun je een zwembad vullen waarin het Empire State Building past …

➤➤ Je hart klopt ongeveer 100.000 keer per dag en zo'n 2,5 miljard keer in je hele leven.

➤➤ Knijp een deuk in een tennisbal: zo hard moet je hart steeds pompen om het bloed voort te stuwen!

➤➤ Het pompen van je hart vergt op één dag zoveel energie als een gewone auto nodig heeft om 32 km te rijden.

Het bloed van de meeste mensen behoort tot de bloedgroepen A, O, B of AB. Bloed is resuspositief of -negatief, afhankelijk van het feit of het bloed een chemische stof bevat die bij resusaapjes is ontdekt.

**ECHT BLOED WAAR!**

☛ Je hebt 3 tot 6 liter bloed in je lijf, afhankelijk van je lengte.

☛ Al je bloed maakt elke 20 seconden een reis door je hele lichaam.

☛ Op één dag legt je bloed een trip van 19.200 km af – dat is een halve reis om de wereld.

☛ Het grootste bloedvat, de aorta, is zo dik als een tuinslang. De aorta brengt bloed van het hart naar de kleine bloedvaten.

☛ De kleinste bloedvaten heten haarvaten. 10 haarvaten zijn ongeveer zo dik als 1 hoofdhaar!

➤➤ Bloed is een mengsel van rode en witte cellen en kleine stukjes cel die we bloedplaatjes noemen. Dit alles zwemt in een gelige vloeistof: plasma.

➤➤ Rode bloedlichaampjes lijken net kleine knoopjes en zorgen voor het transport van zuurstof door het lichaam.

## Witte bloedcellen

☛ Witte bloedlichaampjes zijn groter dan rode en beschermen je tegen infecties.

☛ Je lijf maakt witte bloedcellen aan in het merg in je botten. Je produceert zo'n 1 miljard per dag.

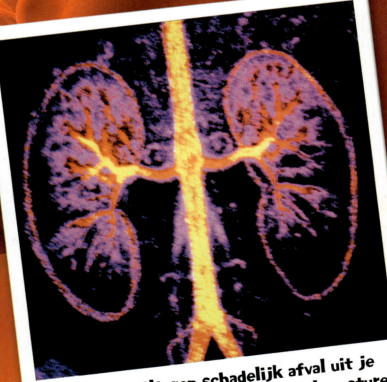

Je nieren filteren schadelijk afval uit je bloed. Ze maken urine van dat afval en sturen het naar je blaas. En dan kun jij weer naar de wc …

**COMPLEX LIJF**

# Poep en pies

Je moet niet alleen brandstof in je lijf stoppen, maar ook het stinkende afval afvoeren.

## Perfecte plas

☞ Een volle blaas is net een ballon. En hij is ook net zo dun.

☞ Je plas bestaat vooral uit water plus een beetje zout en ureum – oftewel pisstof.

☞ Ureum bevat veel stikstof, waar gewassen weer goed van groeien. Boeren gebruiken dan ook sproeimest met ureum.

## Wat een opluchting

✎ Je plast 1 tot 2 liter per dag.

✎ In je hele leven plas je genoeg om een aardig zwembadje te vullen: zo'n 40.000 liter.

➤➤ Verse urine ruikt nergens naar. Maar zodra de plas je lijf verlaat, wordt het ureum of de pisstof afgebroken. Jongens, wat een lucht!

➤➤ De stank van oude plas komt van het gas ammonia. Ammonia zit ook in reukzout, mest en explosieven!

26

# Vieze praatjes

➤ Een gemiddelde mens zit in zijn hele leven 6 tot 12 maanden op de wc.

➤ Een volwassene gaat ongeveer 4 keer per dag naar de wc.

## ECHT POEP WAAR!

☞ Een goede drol bestaat voor 75% uit water. Diarree is nog wateriger. Je poep laat water los terwijl het door je darmen beweegt. Dus hoe langer je het binnenhoudt, des te droger het wordt.

☞ Van het niet-waterige deel van poep bestaat een derde uit dode bacteriën – de slachtoffers van de inwendige strijd om je eten te verteren.

☞ Een derde is onverteerbaar, zoals vezels. Die vezels helpen de drol voortbewegen, want je darmen hebben door de vezels meer grip.

☞ Een derde is een vochtig mengsel van vet, dode cellen, zout, slijm en levende bacteriën. Mmm!

☞ Poep is bruin doordat het een ijzerhoudend goedje bevat: bilirubine. Dat is afkomstig van oude rode bloedlichaampjes.

☞ Poep met veel vet of gas erin blijft drijven.

Pasgeboren baby's hebben groene poep. Dat komt doordat ze in de baarmoeder niet konden poepen; slijm, gal en bloed plus die poep zitten er dus al maanden in.

**COMPLEX LIJF**

# Over braken en boeren

Soms hebben we ons lijf niet helemaal meer onder controle.

Overgeven is niet gemakkelijk. Eerst drukken je buikspieren naar beneden op je maag. Beetje bij beetje neemt de druk op de prut in je maag toe. Dan gaat er plotseling een klepje open naar de buis die naar je mond leidt – en hupsakee, daar komt de kots.

## Braaksel

- Vlak voor je begint over te geven, ga je kwijlen. Zo worden je tanden beschermd tegen de sterke zuren in het braaksel.
- Je geeft over als je hersenen gif in je maag of bloed ontdekken.
- In je hersenen zit het braakcentrum: het vertelt je op tijd wanneer je voorover moet leunen en je mond open moet doen. Dat bespaart je later een hoop werk met opruimen.
- Muizen, konijnen, ratten en paarden zijn de enige zoogdieren die niet braken.

**KOTSRECEPT**
Meng wat geprakt en halfverteerd eten uit je maag met glibberig maagslijm en gemene chemicaliën. Voeg een scheutje spuug toe. Eet smakelijk!

Braaksel heeft vaak een prachtig groene kleur doordat het de chemische stof gal bevat, die helpt bij de spijsvertering. Gal komt in je lijf van voorbij je maag.

Een van de mogelijke gevolgen van zeeziekte is dat je gaat overgeven.

**ECHT BOER WAAR!**

☛ Een boer is het geluid van gas dat via je slokdarm uit je maag ontsnapt.

☛ De meeste mensen boeren 10 tot 15 keer per dag.

☛ Door te boeren loos je elke dag bijna 1 liter gas.

☛ Je maag zou opzwellen als een ballon als je geen boeren liet.

☛ De hardste boer ooit was 118,1 decibel – zo hard als een autoalarm.

**COMPLEX LIJF**

# Beestenboel

In je lijf leven biljoenen kleine organismen: microben.

> **Wat een stinkvoeten!**
> Voeten stinken doordat bacteriën en schimmels gek zijn op de warmte en vochtigheid van sokken en schoenen – en alle zweet en dode huidcellen. De bacteriën zorgen voor die schimmelkaaslucht van je voeten.

Huid is vaak de minst fijne plek van je lijf voor microben, omdat het er erg droog is. Er leven maar 100 microben op elke vierkante centimeter huid.

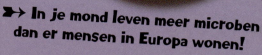

➤➤ In je mond leven meer microben dan er mensen in Europa wonen!

➤➤ De microben daar bevatten honderden soorten bacteriën, schimmels, protozoa en virussen.

➤➤ Eén bacterie, de *Streptococcus mutans*, is de grote boosdoener: hij zorgt voor rotte tanden.

## Hou van je ingewanden

✎ Je ingewanden zijn als een wereldstad vol bacteriën. Er zijn er daar biljoenen.

✎ Elke gram vloeistof uit je dikke darm bevat meer dan 10 biljoen bacteriën!

✎ Bacteriën in je darmen maken vitamine K aan, waar je lichaam grote behoefte aan heeft.

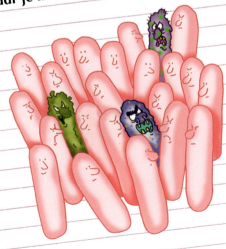

✎ *Lactobacillus acidophilus* zijn vriendelijke bacteriën die de nare uit je darmen jagen.

✎ Reizigers slikken soms capsules met *Lactobacillus* om diarree te voorkomen.

**ECHT SCHEET WAAR!**

☞ Als er geen bacteriën in je darmen zouden zitten, zouden je winden niet stinken.

☞ In je darmen zit de bacterie *Methanobacterium smithii*, die taai eten afbreekt en methaangas aanmaakt.

☞ Door het methaan en de waterstof kan je scheet in brand vliegen.

☞ Puur methaan ruikt niet, maar met wat dimethylsulfide en methanethiol ... jak!

☞ Als je met je scheten de familie echt wilt wegjagen, probeer dan eens bloemkool, eieren of vlees.

☞ Gemiddeld produceert een mens bijna een halve liter scheetgas per dag. Dat is genoeg voor 14 scheten.

## COMPLEX LIJF

# Kinderachtig?

Ons lijf verandert constant, van de geboorte tot je doodgaat.

**ECHT BABY WAAR!**

☛ Baby's hebben twee keer zoveel smaakpapillen als volwassenen.

☛ Jongetjes groeien sneller dan meisjes in de eerste 7 maanden.

☛ Na de eerste 238 dagen in de buik is het gewicht 5 miljoen keer zo groot als op dag 1.

☛ In de baarmoeder doet een baby salto's en krabt hij zich met zijn nageltjes.

☛ Zijn hoofdje is driekwart van het hoofd van een volwassene – en een kwart van het totale gewicht van de baby.

☛ Een baby weet wanneer iemand een andere taal spreekt.

☛ Ons hele leven zijn onze ogen even groot, maar de neus en oren van mannen houden nooit op met groeien!

### Luierlol
Een kleine baby produceert elke 60 uur net zoveel poep en plas als hij weegt. Daarom heeft hij zo vaak een schone luier nodig.

## Opgroeien en de puberteit

➡️ Op je tweede bevatten je hersenen twee keer zoveel verbindingen tussen neuronen – en wordt er twee keer zoveel energie verbruikt – als wanneer je volwassen bent.

➡️ Kinderen groeien harder in de lente.

➡️ Je groeit niet altijd in hetzelfde tempo. In je eerste 2 jaar groei je hard, dan iets rustiger en als je een tiener bent weer harder.

➡️ Jongens groeien maximaal 9 cm en meisjes 7,5 cm per jaar.

### ECHT OUDJES WAAR!

👉 De levensverwachting in 2007 in Nederland was 78 jaar voor mannen en 82,3 jaar voor vrouwen.

👉 In 1901 was 1% van alle mensen 60 jaar of ouder. In Japan is dat op dit moment 20%.

👉 Op het Italiaanse eiland Sardinië worden relatief de meeste mensen 100 jaar.

👉 De Engelse koningin heeft al 100.000 100-jarigen mogen feliciteren.

### Oudste mens ooit

De oudste mens die haar leeftijd ook echt kon bewijzen, was Jeanne Calment uit Frankrijk. Ze stierf in 1997 toen ze 122 was. Anderen leefden misschien wel langer, maar hadden geen geboortebewijs.

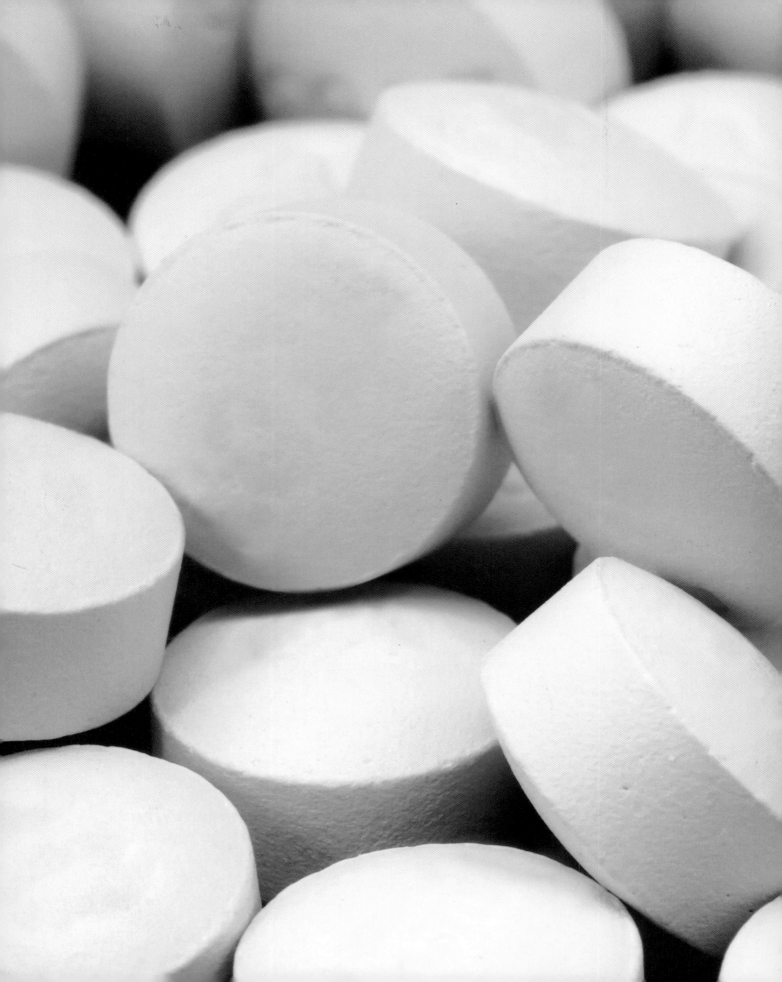

# ZIEK OF GEZOND

In één druppel bloed zitten al 5 miljard nare virussen. Geen wonder dat we zo vaak ziek zijn! Vroeger hadden de mensen rare ideeën over hoe ze ziektes moesten behandelen: zo boorden ze gaten in schedels en spoten ze water via de billen naar binnen. Gelukkig weten de artsen tegenwoordig wel beter!

Dodelijke plaag!

Kwakzalvers en zalfjes!

Magische medicijnen!

ZIEK OF GEZOND

# Dokter, een dooie muis graag!

**Dokters hadden vroeger maar rare ideeën en bedachten de meest bizarre behandelingen.**

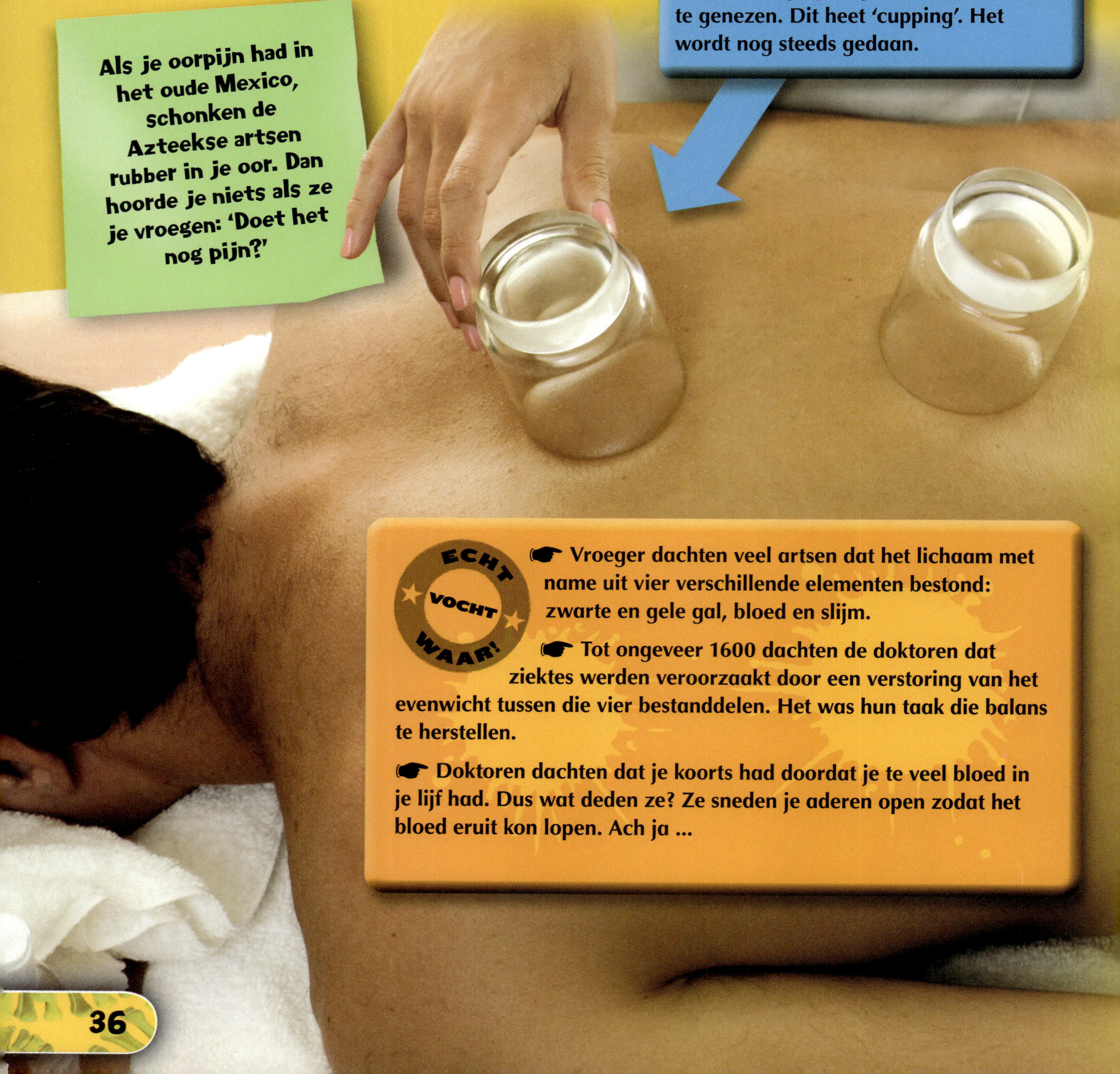

## Glaasje op
Al 2000 jaar geleden zetten Chinese artsen hete potjes op de huid om mensen te genezen. Dit heet 'cupping'. Het wordt nog steeds gedaan.

**Als je oorpijn had in het oude Mexico, schonken de Azteekse artsen rubber in je oor. Dan hoorde je niets als ze je vroegen: 'Doet het nog pijn?'**

**ECHT VOCHT WAAR!**

☛ Vroeger dachten veel artsen dat het lichaam met name uit vier verschillende elementen bestond: zwarte en gele gal, bloed en slijm.

☛ Tot ongeveer 1600 dachten de doktoren dat ziektes werden veroorzaakt door een verstoring van het evenwicht tussen die vier bestanddelen. Het was hun taak die balans te herstellen.

☛ Doktoren dachten dat je koorts had doordat je te veel bloed in je lijf had. Dus wat deden ze? Ze sneden je aderen open zodat het bloed eruit kon lopen. Ach ja ...

Een gat in je schedel boren heet 'trepaneren'. In geval van nood gebeurt dat nog steeds: om de druk binnen in je schedel te verlichten.

## Artsen vroeger

☛ In het oude Assyrië mocht een arts niet falen. Volgens de Codex Hammurabi moesten de handen van een arts die iemand dood had laten gaan eraf.

☛ Assyrische artsen behandelden patiënten met 'leeuwenvet', dat stiekem gewoon schapenvet was.

☛ Mensen uit de steentijd hechtten wonden met zenuw als draad en botjes als naald.

## Het oude Egypte

➤➤ Dacht jij dat alleen piraten met lawaaiige papegaaien houten benen of kunstarmen hadden? De oude Egyptenaren vervingen missende tenen door houten exemplaren.

➤➤ Als je kiespijn in het oude Egypte had, was de behandeling vaak nog erger dan de pijn. Volgens de tandarts moest je een pas gedode muis tegen je tandvlees drukken.

➤➤ Als je oud en blind werd, hadden de Egyptische artsen wel een oplossing: wrijf je ogen in met fijngestampte schildpadhersenen en honing.

## ZIEK OF GEZOND

# Chirurgen en zagen

Voordat men kon verdoven, was een operatie een pijnlijke zaak.

### Dokter Tagliacozzi

☛ Als je in het 16de-eeuwse Florence iemand tegenkwam met een arm aan zijn hoofd, kon je er donder op zeggen dat hij bij dokter Tagliacozzi was geweest.

☛ Deze arts voerde ook huidtransplantaties op het gezicht uit en gebruikte dan huid van de arm. De patiënt moest de huid dan wel een week op zijn plek drukken.

### Amputatie

➤➤ Als er zonder verdoving werd geamputeerd, was de pijn onvoorstelbaar!

➤➤ Hoe sneller de operatie, des te minder de patiënt leed. De beste chirurgen zaagden dus gewoon het snelst.

➤➤ Begin 19de eeuw kon de Britse chirurg Robert Liston een been afzagen in slechts 28 seconden!

Na de eerste amputatie met verdoving in Londen in 1847, werd de patiënt, butler Frederick Churchill, wakker zonder been. Het eerste wat hij vroeg was: 'Dokter, wanneer gaat u beginnen?'

40

Een gat in je schedel boren heet 'trepaneren'. In geval van nood gebeurt dat nog steeds: om de druk binnen in je schedel te verlichten.

> ### Artsen vroeger
> 
> ☛ In het oude Assyrië mocht een arts niet falen. Volgens de Codex Hammurabi moesten de handen van een arts die iemand dood had laten gaan eraf.
> 
> ☛ Assyrische artsen behandelden patiënten met 'leeuwenvet', dat stiekem gewoon schapenvet was.
> 
> ☛ Mensen uit de steentijd hechtten wonden met zenuw als draad en botjes als naald.

## Het oude Egypte

➤➤ Dacht jij dat alleen piraten met lawaaiige papegaaien houten benen of kunstarmen hadden? De oude Egyptenaren vervingen missende tenen door houten exemplaren.

➤➤ Als je kiespijn in het oude Egypte had, was de behandeling vaak nog erger dan de pijn. Volgens de tandarts moest je een pas gedode muis tegen je tandvlees drukken.

➤➤ Als je oud en blind werd, hadden de Egyptische artsen wel een oplossing: wrijf je ogen in met fijngestampte schildpadhersenen en honing.

## ZIEK OF GEZOND

# Kwakzalvers

Waardeloze artsen noemen we kwakzalvers, naar de kwakjes zalf van vroeger.

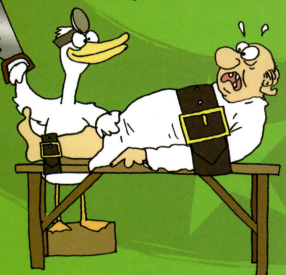

### Kwak kwak

☛ In de 17de en 18de eeuw probeerden zogenaamde artsen hun middeltjes luid schreeuwend aan de man te brengen.

☛ Misschien leken ze door al dat geschreeuw en gekwebbel nog wel het meest op een stel kwakende eenden ... kwak kwak!

### Kwik

In de 17de eeuw werd kwik ten onrechte gebruikt tegen syfilis. De arts Paracelsus gebruikte het tegen huiduitslag. Kwik of kwikzilver dankt zijn naam aan het Latijnse *argentum vivum*: levend zilver.

☛ Rond 1735 bedacht Joanna Stephens een nieuw middel tegen nierstenen. Haar 'medicijn' was een mengsel van eierschalen, zeep en honing plus wat kruiden. Later ontdekte men dat de kalk in de eierschalen misschien wel hielp, doordat de urine alkalischer werd en de stenen oplosten.

☛ In de 19de eeuw behandelde Samuel Thompson zieken door ze in hete stoombaden te zetten. Hij gaf ze cayennepeper en liet ze braken nadat ze lobeliabloemen hadden gegeten.

### Slangenolie

✎ In het Amerikaanse (wilde) Westen van de 19de eeuw werden kwakzalvers rijk door magische slangenolie te verkopen.

✎ Slangenolie was een effectief Chinees goedje tegen pijnlijke gewrichten, gemaakt van het vet van Chinese waterslangen.

✎ Toen Chinese arbeiders het spul begin 19de eeuw naar Noord-Amerika meenamen, probeerden kwakzalvers hun eigen versie te maken – zonder enige kennis van de ingrediënten! Het resultaat was zo waardeloos dat met het woord 'slangenolie' ook wel een nepmedicijn wordt bedoeld.

## Dokter Kellogg

☛ Dr. John Harvey Kellogg (1852–1943), uitvinder van de cornflakes, geloofde in gezonde darmen. Het allerbelangrijkste was volgens hem: doorspoelen.

☛ Kellogg meende dat 90% van alle ziektes werd veroorzaakt door 'rottingsveranderingen die steeds plaatsvinden in de onverteerde resten van vleesvoedsel': hij dacht dus dat stukjes vlees in de poep de boosdoener waren.

☛ Hij behandelde zijn patiënten met een constante stroom water langs beide kanten (via de mond en via de anus). Kellogg spoelde ruim 60 liter in een paar seconden door iemands lijf.

Rond 1825 wreef John Long een zalfje op het lichaam van patiënten met tuberculose (tbc). Als de zalf verkleurde, werd de ziekte er volgens hem uitgetrokken. John Long ging zelf dood aan tbc.

Rond 1785 beloofde de Britse arts James Graham onvruchtbare mannen te genezen door ze tot hun nek in warme modder in te graven. Vreemd genoeg probeerden veel mannen het.

## ZIEK OF GEZOND

# Chirurgen en zagen

Voordat men kon verdoven, was een operatie een pijnlijke zaak.

### Dokter Tagliacozzi

☛ Als je in het 16de-eeuwse Florence iemand tegenkwam met een arm aan zijn hoofd, kon je er donder op zeggen dat hij bij dokter Tagliacozzi was geweest.

☛ Deze arts voerde ook huidtransplantaties op het gezicht uit en gebruikte dan huid van de arm. De patiënt moest de huid dan wel een week op zijn plek drukken.

### Amputatie

➤➤ Als er zonder verdoving werd geamputeerd, was de pijn onvoorstelbaar!

➤➤ Hoe sneller de operatie, des te minder de patiënt leed. De beste chirurgen zaagden dus gewoon het snelst.

➤➤ Begin 19de eeuw kon de Britse chirurg Robert Liston een been afzagen in slechts 28 seconden!

Na de eerste amputatie met verdoving in Londen in 1847, werd de patiënt, butler Frederick Churchill, wakker zonder been. Het eerste wat hij vroeg was: 'Dokter, wanneer gaat u beginnen?'

40

## Zagen zagen ...

👉 De eerste chirurgijnen waren soms net slagers of houthakkers.

👉 In Groot-Brittannië noemden ze chirurgijnen 'meneer' of 'mevrouw' en niet 'dokter', want de meeste van hen waren geen echte artsen.

👉 Chirurgijnen hadden een lange zaag om benen door te zagen en een kleine voor de armen.

## Operaties

🗒 In het oude India werden mannen die hun vrouw bedrogen gestraft: er werd een stukje van hun neus afgesneden. De slimme chirurgijn Susruta werd rijk door die neuzen te repareren met een stukje huid van hun voorhoofd. Dit waren 's werelds eerste huidtransplantaties.

🗒 Rond 1805 gaf de Fransman Jean-Baptiste Denys de eerste bloedtransfusies. Hij gebruikte bloed van lammeren, zijn patiënten stierven en Denys werd gearresteerd voor moord.

🗒 In de 4de eeuw zouden Sint Cosmas en Sint Damianus een bisschop een beentransplantatie hebben gegeven om te voorkomen dat hij bloedvergiftiging kreeg.

De rood-wit gestreepte pilaren verwezen naar het bloed dat vloeide tijdens de operaties door de barbier-chirurgijnen. De witte strepen stonden voor het verband.

➤➤ De eerste chirurgen waren vaak barbiers (kappers), die al aan die heel scherpe messen gewend waren.

➤➤ Hoewel er veel doden vielen, is de huidige geneeskunde mede dankzij deze kappers ontwikkeld.

## ZIEK OF GEZOND

# Dodelijke pest

Eeuwen geleden viel Europa ten prooi aan gruwelijke ziektes. De pest eiste vele slachtoffers.

👉 Een van de dodelijkste epidemieën ooit was de Zwarte Dood: een pestepidemie die tussen 1347 en 1351 in Europa woedde. Er vielen 25 miljoenen doden: een op de drie mensen. Hele dorpen stierven uit.

👉 Eeuwenlang heersten er kleinere epidemieën tot de mensen er resistent tegen werden.

👉 De Zwarte Dood was misschien een uitbraak van de builenpest, want een van de eerste symptomen waren vreselijke bulten op het lichaam.

👉 Op de armen, in de nek en in het kruis verschenen enorme bulten met pus. Die werden veroorzaakt door een zwelling van de lymfklieren, die normaal gesproken de strijd tegen infecties aanbinden.

👉 Een zeldzame en bijzonder nare vorm van de pest was sepsis, waarbij de huid donkerpaars of zelfs zwart werd. De patiënten stierven binnen enkele uren na het verschijnen van de eerste symptomen.

⇨ Omdat men dacht dat de ziekte verspreid werd door slechte luchtkwaliteit en aanraking, bezochten artsen hun patiënten met een lange snavel vol kruiden voor hun gezicht, een dikke leren jas en handschoenen.

⇨ De pest werd verspreid door niezen, waarbij de bacteriën door de lucht vliegen.

## Ratten en vlooien

👉 Veel mensen dachten dat ratten de schuldigen waren, maar de ziekte werd verspreid door vlooien.

👉 De bacterie die de pest veroorzaakte, *Yersinia pestis*, werd door vlooien van rat op rat doorgegeven. Toen de meeste ratten dood waren, zochten de vlooien een andere gastheer: de mens.

👉 Vlooien verspreiden de bacterie wanneer ze hun gastheer bijten.

👉 Honderd jaar geleden kon je in Brits India nog aan de slag als vlooienteller: je telde dan de vlooien op een rat. Veel vlooien betekende dat er een pestuitbraak aankwam.

👉 Vlooien hebben een inwendige thermometer die ze vertelt wanneer ze de stervende rat moeten verlaten.

## Pestepidemie in Londen

✏️ De builenpest teisterde Londen in 1665 en 1666. Zo'n 100.000 mensen stierven: 20% van de inwoners van de stad. Deze ellende wordt wel de Grote Pestepidemie genoemd.

✏️ De pest kwam waarschijnlijk met boten uit Amsterdam. Hij verspreidde zich snel onder de armen in de Londense wijk East End.

✏️ De Grote Brand in Londen (2–3 september 1666) verwoestte de stad, maar was ook een zegen: alle ratten en vlooien gingen dood en de pest was ten einde.

## ZIEK OF GEZOND

# Kwaaie kwalen

We leven tegenwoordig langer, maar er liggen nog steeds nare ziektes op de loer.

### Ongezonde rokers

☞ Roken is geen ziekte, maar je kunt er wel dood aan gaan.

☞ 3 miljoen mensen sterven elk jaar aan longkanker; 87% van hen heeft gerookt.

Twee op de drie mensen in rijke landen sterven jonger dan had gehoeven, doordat ze te veel vet, zout en suiker eten.

➤➤ Elke seconde wordt er op de wereld iemand besmet met de longziekte tuberculose (tbc).

➤➤ Tbc doodt meer vrouwen dan welke andere ziekte ook.

➤➤ Wereldwijd heeft een op de drie mensen nu tbc.

## Malaria

✎ De ziekte malaria doodt in Afrika elke minuut 3 mensen. Kinderen zijn het vaakst slachtoffer.

✎ Meer dan 300 miljoen mensen krijgen elk jaar malaria.

✎ In Afrika wordt elke seconde wel iemand gestoken door een malariamug.

✎ Medicijnen tegen malaria zijn voor de meeste slachtoffers te duur.

*Malaria betekent 'slechte lucht' in het Italiaans. Men dacht vroeger dat je het kreeg van moeraslucht. Maar malaria wordt veroorzaakt door een parasiet die je lijf binnendringt als je bent gestoken door een malariamuskiet.*

## Cholera

✎ Van de naam 'cholera' is ons (scheld)woord 'klere' afgeleid.

✎ Meestal komt cholera door het drinken van vervuild water.

✎ De giftige stof in de cholerabacterie maakt dat de ingewanden geen spijsverterende sappen meer opnemen, waardoor je poep erg waterig wordt.

➜ Een erg gevaarlijke ziekte van tegenwoordig is aids, die wordt veroorzaakt door het hiv-virus. Hiv tast je afweersysteem aan.

➜ Meer dan 22 miljoen mensen zijn wereldwijd overleden aan een ziekte die met aids te maken had.

## Beschermd tegen mazelen

☞ Mazelen zijn de meest besmettelijke ziekte ter wereld.

☞ Als er in een volle kamer één persoon met mazelen besmet is, krijgen alle anderen het ook, tenzij ze ingeënt zijn.

## ZIEK OF GEZOND

# Akelige kiemen

Als je de boel niet schoonhoudt, voelen miljarden ziektekiemen zich al gauw thuis.

## Ziektekiemen

➤➤ Ziektekiemen zijn microscopische organismen die ziektes veroorzaken.

➤➤ Er zijn drie soorten: bacteriën, die ziektes als de pest en tbc veroorzaken; virussen, die ziektes als griep en de gele koorts verspreiden; en protozoa, die o.a. malaria veroorzaken.

➤➤ Het menselijk lichaam is een fijn thuis voor veel bacteriën: precies warm genoeg en stampvol energie afgevende suiker om te eten.

➤➤ Bacteriën eten vaak vlees, maar dan moeten ze eerst langs de huid.

## Bacteriën

☛ Als je bacteriën netjes op een rij kon zetten, zouden er nog steeds 10.000 naast elkaar passen op je vingernagel.

☛ Hoewel ze overal voorkomen, voelen bacteriën zich vooral thuis op vieze plekjes, zoals in je poep of aan de pootjes van bijvoorbeeld kakkerlakken.

☛ Niet alle bacteriën zijn slecht. Vele leven totaal ongevaarlijk in je darmen.

**ECHT VIRUS WAAR!**

☞ Virussen zijn ministukjes genetisch materiaal, die in levende cellen kruipen en zich voortplanten.

☞ Geleerden zijn het er niet over eens of virussen nu levende dingen zijn of niet. Ze kunnen zich voortplanten, maar alleen met behulp van gekidnapte cellen.

☞ Virussen zijn zo klein dat je ze alleen kunt zien met een sterke elektronenmicroscoop.

☞ Eén druppel bloed kan wel 5 miljard virussen bevatten.

☞ Geleerden onderzoeken nu of ze ziektes kunnen bestrijden met virussen, die in de toekomst misschien kwaadaardige kankercellen kunnen aanvallen.

## Vieze kantoren

Sommige wetenschappers zeggen dat een gemiddeld kantoor meer dan 400 keer zoveel ziektekiemen bevat als een toilet. Ze schatten dat er 10.000 microben op elke vierkante centimeter zitten. Op het stuur van een auto zouden er nog meer zitten.

➤➤ Een nies bevat 6 miljoen virussen. Miljoenen druppels snot spuiten op topsnelheid je neus en mond uit.

➤➤ Als je nies een windvlaag was, zou hij hard genoeg zijn om takjes af te breken.

## ZIEK OF GEZOND

# Vet verkouden

Een gewone verkoudheid is heel gewoon. Logisch toch? Proost! Eh ... proest.

### Zieke cijfers
☛ 90% van alle mensen is minstens 1 keer per jaar verkouden.

☛ Kinderen vatten 4 tot 8 keer per jaar kou. Volwassenen met geluk 2 of 3 keer, want als je ouder wordt, heb je meer weerstand.

☛ Kinderen blijven vaker thuis van school om een verkoudheid dan om andere ziektes.

### Verkouden

✎ Er zijn meer dan 250 verschillende verkoudheidsvirussen.

✎ De bekendste noemen we rinovirussen; *rinos* betekent in het Grieks 'neus'.

✎ Voor je verkouden wordt, moet een virus via je neus binnendringen. Sommige gaan naar binnen als druppeltjes door hoesten of niezen. Andere zitten op je handen en als jij dan je hand naar je neus brengt ... bingo!

➺ Het eerste teken van een griepje is een zere keel. Gevolgd door een loopneus, hoesten en niezen. Op die manier vecht je lijf tegen de infectie.

➺ Verhoging plus al deze symptomen betekent meestal griep.

## Griepgegevens

☛ Griep, net als een koutje, wordt veroorzaakt door virussen zoals hier links. Artsen kunnen je inenten tegen veel soorten griep.

☛ Helaas zijn er honderden soorten griepvirussen, die ook nog eens voortdurend veranderen.

☛ Elk jaar krijgen we griep van een nieuwe groep virussen. Daarom is een inenting nooit een garantie.

➤ De Spaanse griep eiste tussen 1918 en 1920 wereldwijd 20 miljoen levens.

➤ De schepen van Columbus brachten in 1492 een griepepidemie naar Amerika.

## Grieppandemieën

➤ Af en toe ontstaan er gevaarlijke varianten van de griep, soms uit gemuteerde virussen die normaal alleen dieren besmetten, zoals de vogelgriep.

➤ Deze nieuwe virussen veroorzaken soms een pandemie – een zeer wijd verspreide ziekte – die honderden miljoenen mensen kan doden. In de 20ste eeuw waren er 6 pandemieën van een dodelijke griep: in 1918, 1947, 1957, 1968, 1977 en 1989.

➤ De pandemie van 1918 was aan het eind van de Eerste Wereldoorlog. Door de pandemie stierven er meer mensen dan door de oorlog.

## ZIEK OF GEZOND

# Hobbelig huidje

Je huid kan bedekt worden met pukkels en uitslag, maar vaak ziet dat er erger uit dan het is.

Als je de plant gifsumak aanraakt, kun je blaren of rode, jeukende uitslag krijgen. De boosdoener is een gemeen olieachtig stofje: urushiol.

### Ringworm
☛ Een ringworm is helemaal geen worm, maar een schimmel die op de huid groeit.
☛ Hij heet ringworm omdat er vaak een ringvormige uitslag op de huid verschijnt.

ECHT WRAT WAAR!

☛ Wratten zijn bultjes die vaak op handen of voeten ontstaan. Het lijken net bloemkooltjes. Ze zijn meestal onschuldig en verdwijnen na een paar maanden vanzelf.

☛ Wratten worden veroorzaakt door het virus HPV: het humaan papillomavirus.

☛ Er bestaan ook mozaïekwratten, draadwratten en platte wratten.

☛ Onderzoeken bewijzen dat gymmen op blote voeten geen wratten oplevert. Natte vloeren in zwembaden en douches kunnen wel een rol spelen bij de besmetting!

Padden lijken bedekt te zijn met flinke wratten. Maar die bulten zijn helemaal geen wratten. En het is ook niet waar dat je wratten krijgt als je een pad aanraakt.

50

## Akelige acne

☞ Meer dan 90% van alle tieners krijgt acne.

☞ Acne is de meest voorkomende huidaandoening in de VS. Meer dan 17 miljoen hebben er last van.

☞ Acne begint bij meisjes rond hun 11de en bij jongens rond hun 13de. Jongens hebben er meer last van, doordat hun testosterongehalte verandert.

☞ Acne begint als vet afscheidende klieren in je huid verstopt raken met dode huidcellen.

☞ Op sommige delen van je gezicht zitten wel 300 klieren per vierkante centimeter. En elke klier kan een puistje worden ...

## Pijnlijke steenpuisten

✎ Steenpuisten zijn ernstiger dan acne. Ze barsten als Staphylococcus-bacteriën door een gaatje in de huid binnendringen en er bijvoorbeeld een verstopt haarvaatje ontstoken raakt.

✎ Huidcellen proberen binnendringende bacteriën weg te jagen. De huid wordt rood en gaat jeuken.

✎ Het bloed stuurt er een hoop witte bloedlichaampjes op af om de ziektekiemen aan te vallen. Een gevolg van de strijd is pus, dat het pukkeltje doet opzwellen tot een pijnlijke puist.

✎ Een (steen)puist onder een strak stuk huid, zoals in de nek, kan uitgroeien tot een gruwelijk monster dat we een karbonkel of negenoog noemen.

## ZIEK OF GEZOND

# Magische medicijnen

De effectiefste medicijnen komen van oorsprong uit de natuur.

☛ Antibiotica zijn medicijnen die schadelijke bacteriën aanvallen zonder de patiënt kwaad te doen. Dankzij antibiotica zijn er talloze levens gered.

☛ Veel antibiotica zijn gebaseerd op stofjes uit schimmels.

☛ We gebruiken bijna 250 miljoen doses antibioticum per jaar. Nog veel meer geven we aan boerderijdieren.

☛ Als we te veel antibiotica gebruiken, kunnen bacteriën er resistent tegen worden en helpen de antibiotica dus niet meer.

In 1928 ontdekte Alexander Fleming het eerste alom gebruikte antibioticum, penicilline, bij toeval. Hij zag dat bacteriën doodgingen in een schaaltje met een bepaalde schimmel.

### Bloedzuigers

☛ In de 19de eeuw gebruikten artsen bloedzuigers om het bloed van de patiënt op te zuigen.

☛ Tegenwoordig worden bloedzuigers ingezet bij huidtransplantaties. Een stofje in het slijm van de beestjes voorkomt dat het bloed gaat klonteren.

## Steroïden

➤➤ Steroïden zijn natuurlijke stoffen die ervoor zorgen dat het lichaam in balans blijft. Steroïde als doping heeft hetzelfde effect.

➤➤ Corticosteroïden zorgen ervoor dat bepaalde lichaamsdelen niet ontstoken raken. Ze worden tegen ziektes als artritis gebruikt, waarbij gewrichten ontstoken raken.

➤➤ Anabole steroïden bevorderen de groei van cellen en worden soms stiekem door sporters gebruikt.

## Aspirine

☞ Aspirine is gebaseerd op een natuurlijk stofje uit de bast van de wilg.

☞ De oude Grieken gebruikten 2500 jaar geleden al wilgenbast tegen pijn en koorts.

☞ Aspirine wordt nu gemaakt van petroleum.

☞ Elk jaar worden er wereldwijd meer dan 100 miljard aspirientjes geslikt!

## Mooie melkmeisjes

In de 18de eeuw stonden melkmeisjes bekend om hun zachte en gladde huid, niet aangetast door de pokken. Misschien kregen ze van de koeien een mildere variant van de pokken, de koepokken. Hierdoor maakten ze antistoffen aan tegen de pokken.

➤➤ Gedroogde vijgen bevatten veel vezels. Als jij extra vezels eet, kan je lijf ziektes op afstand houden doordat het eten soepeler door je darmen gaat.

➤➤ Maar van te veel vezels in je eten word je winderig. En van groene vijgen krijg je diarree.

# ZIEK OF GEZOND

## Slimme snijders

Chirurgie is sinds de uitvinding van de verdoving, 150 jaar geleden, erg veranderd. Over een tijdje kan een robot het alleen af!

### Oogoperatie

☛ Slechte ogen kunnen vaak geholpen worden door de lens met laserstralen in de juiste hoek te slijpen.

☛ Heel soms gaat het laseren fout en is er een nieuw hoornvlies nodig. Een robot verwijdert het hoornvlies direct en heel keurig uit het oog van een pas overleden persoon.

➤➤ Patiënten die begin 19de eeuw werden geopereerd, stierven vaak doordat de arts hen besmette met zijn vuile handen.

➤➤ Nu is het superbelangrijk dat de patiënt wordt beschermd tegen ziektekiemen.

Anesthesisten geven patiënten vaak een injectie met curare. Dit lijkt erg op het gif dat op de gifpijlen van Amazonevolkeren wordt gevonden.

**ECHT ROBOT WAAR!**

☞ Het Da Vinci-systeem is een minirobot die het lichaam door een sneetje binnen kan gaan om operaties te verrichten. De chirurg bestuurt de robot via een computerscherm.

☞ Dankzij technieken als vezeloptiek en satellietverbindingen kunnen chirurgen op afstand opereren.

☞ In mei 2006 voerde een robot in Milaan, Italië, in zijn eentje een simpele hartoperatie uit, terwijl chirurg Carlo Pappone naar een congres was.

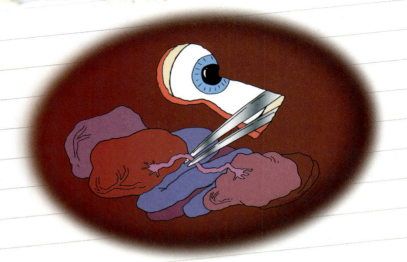

## Laparoscopie

✏ Om een laparoscopie uit te voeren brengt de chirurg zijn instrumenten door een sneetje in het lichaam. Vergelijk het met je bed opmaken met een ijzerdraad door het sleutelgat in je slaapkamerdeur.

✏ De laparoscoop is de videocamera die de chirurg laat zien wat er binnen in het lijf van de patiënt gaande is.

✏ We noemen laparoscopie ook wel 'sleutelgatchirurgie'. Kijkoperaties vallen hier ook onder.

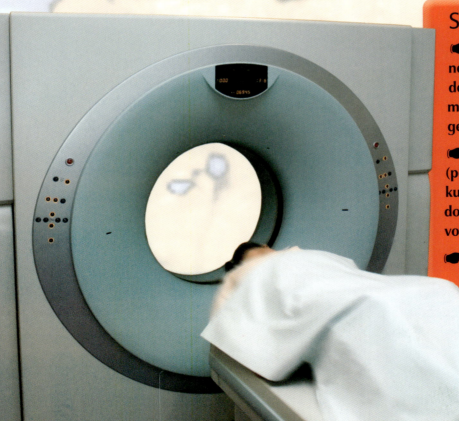

## Superscan

☞ Bij een MRI-scan (magnetic resonance imaging) ligt de patiënt in een cirkel van magneten die een beeld geven van de binnenkant.

☞ Met een PET-scan (positronemissietomografie) kunnen onderzoekers bloed door levende hersenen volgen.

☞ Met 'surface-enhanced Ramanspectroscopie' (SERS) kan men een lichaam direct onderzoeken op virussen als hiv.

## ZIEK OF GEZOND

# Zo goed als nieuw

We kunnen allerlei lichaamsdelen vervangen – misschien straks zelfs door die van dieren.

☞ Rond 1895 transplanteerde een Franse arts, Alexis Carrel, een hondenhart door het hart in de nek van het arme dier te plaatsen.

☞ De eerste chirurg die met succes een mensenhart transplanteerde was de Zuid-Afrikaan Christiaan Barnard, op 3 december 1967. De patiënt bleef nog 18 dagen in leven.

☞ In 1981 voerde de Amerikaanse dokter Bruce Reitz de eerste transplantatie van zowel hart als longen uit.

☞ In 2005 kregen ruim 80.000 mensen op aarde een nieuw hart.

☞ In de VS worden elke dag 6 harten getransplanteerd.

☞ 5 van de 6 harttransplantatiepatiënten leven nog minstens een jaar, de meeste langer.

☞ In 1969 kreeg een patiënt een elektrisch hart om hem in leven te houden tot er een donorhart gevonden was. Zo'n tijdelijk hart noemen we een heartmate of steunhart. Veel patiënten leven maanden met een steunhart.

Als varkens genetisch zo gemanipuleerd worden dat het menselijk lichaam het varkenshart niet afstoot, kan hun hart voor mensen gebruikt worden.

## Toffe transplantaties

👉 Een getransplanteerd orgaan kan afgestoten worden als je lijf merkt dat het vreemd is en het 'aanvalt'.

👉 Na een transplantatie krijgt de patiënt medicijnen om te voorkomen dat het orgaan wordt afgestoten.

👉 Artsen kunnen nu alle belangrijke organen transplanteren: hart, longen, nieren, alvleesklier en lever.

👉 In 2005 kreeg een vrouw die door een hond was aangevallen een nieuw gezicht (foto rechts).

👉 In 1998 transplanteerde de Fransman Jean-Michel Dubernard een nieuwe hand bij een man die een ongelukje met een cirkelzaag had gehad.

👉 Wetenschappers experimenteren nu met dierenorganen in mensen.

## De toekomst

✏️ Professor Robert White uit Cleveland, Ohio, transplanteerde koppen van apen. Ooit denkt hij mensenhoofden te kunnen transplanteren.

✏️ Dankzij 'weefselconstructie' kunnen we over een tijdje nieuwe organen voor transplantaties kweken in het laboratorium.

## ZIEK OF GEZOND

# Kunstwerkjes

In plaats van delen van andere lichamen te gebruiken kun je ook kunstorganen en -lichaamsdelen nemen.

## Kunstorganen

➸ Terwijl hij ondergedoken zat voor de nazi's in de Tweede Wereldoorlog maakte de Nederlandse arts Willem Kolff het eerste kunstorgaan: een nier. Van worstvellen, lege blikjes sinaasappelsap en een oude wasmachine!

➸ Kunstmatige niermachines zijn heel groot en de patiënt moet er stil naast zitten. Wetenschappers werken nu aan een kunstnier die in het lichaam past.

➸ Artsen testen kunstmatige netvliezen voor blinden. De patiënt krijgt een bril met een minicamera die het beeld naar het nieuwe netvlies stuurt, dat het beeld weer naar de hersenen stuurt.

De 'Utah-arm' op batterijen volgt bij het bewegen de gedachten van de bezitter. De bewegingen worden gestuurd door een computer die reageert op spiertrekkingen in de stomp van de echte arm.

## Protheses

☛ Een kunstvervanger van een lichaamsdeel noemen we een prothese.

☛ Eeuwenlang waren kunstbenen van hout. Nu gebruikt men speciale materialen als titanium en kevlar voor moderne kunstledematen.

☛ In 2004 kreeg een dolfijn in Japan een kunstvin.

☛ In de geneeskunde gebruikt men het woord bionisch voor de vervanging of verbetering van een orgaan of een ledemaat. In 2002 kreeg een Amerikaan de eerste bionische arm, die hij met zijn borstspieren kon bewegen.

☛ De bionische arm voelt bewegingen in de borstspier, die is verbonden met zenuwen die vroeger naar de echte arm liepen.

## Rudy Garcia-Tolson

☛ Zijn beide benen zijn boven de knie geamputeerd toen hij 5 was. Toch doet de tiener Rudy Garcia-Tolson aan voetballen, zwemmen en hardlopen.

☛ Rudy Garcia-Tolson heeft voor elke sport andere kunstbenen.

☛ Rudy's benen lijken niet eens echt. Ze zijn gemaakt van koolstofvezel die kan buigen, veren en schokken opvangen – net als echte benen.

☛ Rudy won een gouden zwemmedaille op de Paralympics van 2004. Hij was toen nog maar 15.

## De toekomst

✏ Wetenschappers denken dat ze ooit vervangers voor elk deel van ons lijf kunnen maken, behalve voor de hersenen.

✏ In de toekomst worden bionische ledematen steeds vaker verbonden met de hersenen, zodat ze door gedachten gestuurd worden.

✏ Sommige nieuwe ledematen zijn van materialen die nog beter zijn dan het origineel.

✏ Minicomputers kunnen in je hersenen worden gezet om je te helpen denken.

# DIT GELOOF JE NIET!

Dit zijn de dapperste en slimste mensen die ooit hebben bestaan. En de vreemdste. En de foutste. Lees hier alles over helden als Robert Bartlett, die 950 km over de Noordpool liep, op zoek naar hulp. Maar blijf uit de buurt van types als de Spaanse prins Don Carlos, die een schoenmaker eens een paar laarzen liet opeten!

Echte superhelden!

Gladde jongens!

Da's pas slim!

## DIT GELOOF JE NIET!

# Echte superhelden!

Je kunt een held zijn op verschillende manieren, bijvoorbeeld als veroveraar, als dappere ontdekkingsreiziger of als vertegenwoordiger van de armen.

### Klassieke veroveraars

☛ De grote Romeinse leider Julius Caesar (100–44 v.C.), die vele landen veroverde, zou ooit eens op weg naar school zijn gekidnapt door piraten, maar hij wist hen over te halen hem vrij te laten.

☛ De Griekse leider Alexander de Grote (356–323 v.C.) smeedde een keizerrijk van bijna 2,5 miljoen vierkante kilometer, verspreid over 3 continenten.

☛ Alexander was stoer, maar toen hij de stad Petra in het huidige Jordanië aanviel, liet hij ijs uit de bergen komen zodat hij elke dag een glaasje koud drinken kon nemen.

**ECHT REBEL WAAR!**

☛ Toen de Schotse rebel William Wallace (1270–1305) werd geëxecuteerd, werd zijn rechterarm naar Newcastle gebracht en zijn linkerarm naar Berwick, zijn rechterbeen naar Perth en zijn linkerbeen naar Aberdeen. Zijn hoofd werd in Londen op een spies gezet.

☛ Na een heldhaftige campagne voor één groot Italië at Garibaldi (1807–1882) een pizza om het te vieren ... echt waar!

☛ De leider in de strijd voor een vrij Haïti, Toussaint (1744–1803), had als bijnaam L'Ouverture (de opening), omdat hij altijd de gaten in de verdediging van de vijand (rechts) zag.

George Washington (1732-1799) was de eerste president van de VS en de enige die ooit unaniem is gekozen. Maar hij moest geld lenen om naar zijn eigen inauguratie te gaan!

## Simón Bolívar

Het land Bolivia is genoemd naar de held Simón Bolívar (1783–1830). Hij leidde de troepen die de Spanjaarden uit Zuid-Amerika verjoegen.

## Dappere ontdekkers

☛ Toen Christoffel Columbus in Cuba aankwam in 1492 wist hij zeker dat hij om de wereld was gevaren en in India was. De mensen noemde hij daarom indianen.

☛ Ferdinand Magelhaen (1480–1521), kapitein op het eerste schip dat rond de wereld zeilde, kwam niet meer thuis. Hij werd op de Filipijnen vermoord. Slechts 18 van de 270 bemanningsleden overleefden de reis.

☛ De beroemde ontdekker van Australië, kapitein James Cook, zag als eerste Europeaan mensen surfen. Dat was in 1769 in Tahiti.

☛ Toen het expeditieschip Karluk in 1913 op het ijs van de Noordpool liep, liep Robert Bartlett 950 km over het ijs om hulp te halen.

## Magnifieke medici

✎ Che Guevara (1928-1967) was een Argentijnse arts die streed voor de armen en in de guerrillaoorlog in Cuba vocht, waarna Fidel Castro aan de macht kwam.

✎ Velen dragen nu nog steeds T-shirts met zijn afbeelding – of ze nu weten wie Che was of niet.

## DIT GELOOF JE NIET!

# Een groot hart

Er zijn gelukkig altijd mensen die hun leven wijden aan het verbeteren van de omstandigheden voor anderen.

### Machtige mannen

➡➡ Mahatma Gandhi (1869-1948) wilde India vreedzaam bevrijden van de Britse overheersing. Om te protesteren tegen de Britse belasting op zout leidde hij de 400 km lange Zoutmars naar Dandi.

➡➡ Tenzin Gyatso is de 14de Dalai Lama, leider van de Tibetaanse boeddhisten in ballingschap. Hij strijdt vreedzaam voor de bevrijding van Tibet.

➡➡ De Duitse arts Albert Schweitzer (1875-1965) ontwikkelde een filosofie met als kern 'eerbied voor alle leven'. Hij hielp de zieken in Afrika en voerde strijd tegen kernwapens.

### Franciscus van Assisi

➡➡ Sint Franciscus van Assisi (1182-1226) zag alle dieren als zijn broeders en zusters. Hij zou hebben gepreekt voor de dieren.

➡➡ Hij sloot ooit vrede met een gevaarlijke wolf. De deal was dat de stadshonden de wolf met rust zouden laten.

### Eerste hulp aan het front

De verpleegsters Mary Seacole en Florence Nightingale trotseerden de gruwelijke Krimoorlog (1853-1856) en verzorgden de gewonde soldaten.

**ECHT VROUW WAAR!**

☛ Jeanne d'Arc (rechts; 1412–1431) leidde op haar 16de het Franse leger tegen de Engelsen in de strijd om Orléans. De Engelsen verbrandden haar levend omdat ze mannenkleren had gedragen!

☛ De in Alabama geboren Helen Keller (1880–1968) was doof en blind, maar ze werkte hard voor de gehandicapten en de armen. Ze zei: 'Ik ben in slavenhokken, fabrieken en sloppen geweest. Ik kon niets zien, maar ik rook alles.'

☛ De Albanese non Moeder Theresa (1910–1997) wijdde haar leven aan de armen in India. Ze richtte weeshuizen en leprakoloniën op.

In 1994 was Nelson Mandela de eerste president die door álle Zuid-Afrikanen was gekozen. Dankzij het apartheidsregime had hij 27 jaar in de gevangenis gezeten.

## Vecht voor je recht

☛ De zwarte Rosa Parks veranderde de geschiedenis van de VS in 1955, toen ze in de bus niet wilde opstaan voor een blanke man.

☛ De Amerikaanse strijder voor de mensenrechten Martin Luther King (1929–1968) werd vermoord, omdat hij vocht voor de rechten van zwarten.

☛ W.E.B. du Bois (1868–1963) streed voor de rechten van iedereen die afstamde van Afrikanen.

## DIT GELOOF JE NIET!

# Tergende tirannen

Een stelletje bloeddorstige, grove en gewoonweg walgelijke heersers.

## Oude tirannen

➤ Men zegt dat Herodes I de Grote (74–4 v.C.) alle jongetjes in Bethlehem liet vermoorden om Jezus te doden.

➤ Ibrahim I de Gekke (1615–1648) was een keer zo kwaad dat hij zijn 280 vrouwen in zakken in de rivier liet smijten.

➤ Mehmed IV van Turkije (1648–1687) had een ambtenaar die een dagboek over zijn heerschappij bijhield. Na een saaie dag was de bladzijde leeg. Mehmed doorboorde de man met een speer en zei: 'Zo, nu heb je iets om over te schrijven.'

➤ Farao Pepi II (2284–2184 v.C.) van Egypte had geen last van muggen. Hij liet met honing ingesmeerde slaven bij hem in de buurt staan om de muggen te lokken.

### Elagabalus

☞ De Romeinse keizer Elagabalus (203–222) hield wilde feestjes waarop gasten smulden van levende papegaaien.

☞ Zijn gasten stikten soms onder een dikke deken van bloemblaadjes.

☞ Zijn vijanden werden levend gevild en in zout water gedoopt.

☞ Hij legde de ledematen van de mensen die hij doodde in gouden schalen.

### Commodus

☞ De Romeinse keizer Commodus (161–192) hield van gladiatorengevechten en legde de stad Rome hoge belastingen op om zijn vechtpartijtjes te financieren.

☞ Na een tijd hielden de Romeinen het niet meer en werd hij in bad gewurgd door de worstelaar Narcissus.

## Ivan de Verschrikkelijke

➤➤ De eerste tsaar van Rusland, Ivan (1530–1584), heette de Verschrikkelijke, omdat hij verschrikkelijk eng was – niet verschrikkelijk aardig.

➤➤ In 1570 wist Ivan zeker dat de bewoners van de stad Novgorod verraders waren. Hij liet de stad in brand steken en iedereen stierf.

➤➤ Hij doodde per ongeluk zijn zoon tijdens een pittige discussie.

➤➤ Ivan liet de bouwers van zijn kathedraal van Basilius blind maken, zodat ze nooit een mooiere konden maken.

## Juan Rosas

☛ Juan Manuel de Rosas (1793–1877) verenigde Argentinië, maar hij was een meedogenloze tiran die ooit een hoogzwangere vrouw liet executeren.

☛ Rosas wilde dat iedereen constant een rood lint droeg om te bewijzen dat ze hem steunden.

## Robespierre

➤➤ Maximilien de Robespierre (1758–1794) was een van de leiders van de Franse Revolutie. Zijn bijnaam was L'Incorruptible, de onkreukbare.

➤➤ Hij was erg dromerig. Hij morste eens soep op tafel bij het opscheppen, omdat hij niet doorhad dat er geen kommen stonden.

➤➤ Robespierre begon de massa-executies tijdens het Schrikbewind (Terreur), waarbij duizenden mensen hun hoofd verloren door de guillotine. Uiteindelijk was hij zelf ook aan de beurt ...

## DIT GELOOF JE NIET!

# Gekke koningen

Als iedereen moet doen wat jij zegt, dan kun je heel rare dingen gaan doen.

## Koninklijk gestoord

☞ De Engelse Hendrik VIII (1491–1547) had een dienaar die de koninklijke billen moest afvegen na het poepen.

☞ De zoon van de Spaanse koning Filips II, Don Carlos (1545–1568), dwong eens een schoenmaker een paar slecht gemaakte laarzen op te eten.

☞ Lodewijk II van Beieren (1845–1886) was geobsedeerd door zwanen. Hij omringde zich met foto's en beelden van de vogels.

## Rumoerige Romeinen

➡➡ Nero (links; 37–68) zou zijn moeder Agrippa hebben vermoord, zodat zij geen stokje kon steken voor zijn scheiding en zijn huwelijk met de vrouw van zijn vriend.

➡➡ Toen zijn zus overleed, was Caligula (12–41) zo overstuur dat hij mensen verbood te lachen of in bad te gaan – anders zou hij hen doden.

➡➡ Om de Senaat duidelijk te maken hoe hij over hen dacht, benoemde Caligula zijn paard Incitatus tot senator.

➡➡ De etentjes bij Caligula waren vast erg saai. Om de gasten een beetje te vermaken liet hij tussen de gangen door wat criminelen onthoofden.

➡➡ De veelvraat keizer Vitellius (15–69) at vier feestmalen per dag en at eens een pastei zo groot als een kamer. Hij stierf toen hij stikte in de snavel van een kraai die hij oppeuzelde.

ECHT WAAR! KEIZER

☞ Rudolf II (1552–1612) van het Heilige Roomse Rijk (zie kroon links) verzamelde dwergen en reuzen.

☞ De Franse Napoleon Bonaparte (1769–1821) omringde zich met grote bewakers, waardoor hij zelf kleiner leek. Maar hij was waarschijnlijk 1,68 meter, wat heel gemiddeld was in die tijd.

## Gekke koning George III

De Britse koning George III (1738–1820) was geestelijk ziek. Een lange tijd eindigde hij elke zin met het woord 'fazant'. Hij kon ook uren achter elkaar praten zonder te stoppen en beweerde met engelen te praten.

Jean-Bedél Bokassa (1921–1996) noemde zichzelf 'keizer van Centraal-Afrika', maar door zijn inauguratieceremonie ging zijn land failliet.

➤➤ Een hobby hebben is gezond. De Britse prins Charles houdt van tuinieren en praat tegen zijn groene vriendjes.

➤➤ Henry VIII was gek op tennis, maar omdat hij te dik was, moest een bediende de bal voor hem opgooien.

**DIT GELOOF JE NIET!**

# Creatievelingen

Kunstenaars, schrijvers en componisten kunnen best raar zijn. Sommige zou je niet echt graag aan je ouders voorstellen.

### Kleurrijke componisten

- Beethoven (links) hield zijn hoofd even onder water voor hij begon te componeren. Hij waste zich ziekelijk vaak, maar droeg wel vieze kleren.

- Vlak voor hij erg ziek werd, vroeg iemand Mozart een requiem (begrafenismuziek) te schrijven. Mozart begon te geloven dat het voor zijn eigen begrafenis was.

- Frédéric Chopin droeg aan één kant van zijn gezicht een baard.

- William Gilbert was dol op een bij, die hij Buzfuz noemde.

- Eric Satie, componist zonder geld, zei eens: 'In een café trakteren ze je altijd op een drankje, maar ze vragen je nooit of je wat wilt eten.'

### Buitenissige schrijvers

▶▶ De oude dichter Vergilius gaf zijn lievelingsvlieg een echte begrafenis toen die doodging.

▶▶ De dichter Tennyson imiteerde graag mensen die op de wc zaten.

▶▶ De dichter Swinburne kwam eens naakt de trapleuning afglijden tijdens een dineetje.

▶▶ De schrijver Oscar Wilde ging met een dode kreeft aan een touwtje uit wandelen.

## Shakespeare zwoegt

☛ Als Shakespeare het juiste woord niet kon bedenken, verzon hij het gewoon. Al met al heeft hij 1700 nieuwe woorden bedacht.

☛ Sommigen beweren dat Shakespeare na het overlijden van zijn zoon Hamnet het toneelstuk *Hamlet* schreef.

**ECHT KUNST WAAR!**

☛ Na een ruzie met Gauguin sneed Vincent van Gogh zijn eigen oor af.

☛ Toen hij arm werd, schilderde Whistler gewoon op de vloer en op meubels.

☛ L.S. Lowry droeg altijd een sjofel pak. Toen iemand hem vroeg wat hij met zijn oude kleren deed, antwoordde hij: 'Die draag ik.'

☛ Salvador Dalí (rechts) was doodsbang voor sprinkhanen.

☛ Als jongetje had Dalí een vleermuis als huisdier. Het dier werd opgegeten door mieren, dus kreeg Dalí een mierenfobie.

## DIT GELOOF JE NIET!

# Gladde jongens!

Dieven zijn soms charmante mensen, die de wet negeren en een bijzonder leven leiden.

### Buiten de wet

➡ De legende van Robin Hood verhaalt van zijn leven in Sherwood Forest in het 14de-eeuwse Engeland. Hij bestal de rijken en gaf de buit aan de armen.

➡ De meeste wetenschappers denken dat Robin Hood nooit heeft bestaan, maar recente opgravingen bewijzen misschien het tegendeel.

➡ De Australische Ned Kelly was een vogelvrij verklaarde moordenaar die in de 19de eeuw door de bush zwierf. Uiteindelijk werd hij gepakt en opgehangen.

### Struikrovers

👉 Struikrovers beroofden in de 18de en de 19de eeuw vaak postkoetsen.

👉 'Snelle Nick' Nevison reed in 14 uur maar liefst 350 km om een alibi te hebben voor een roofoverval. Zo kreeg hij zijn bijnaam.

👉 In de roman *Rookwood* flikt een andere struikrover, Dick Turpin, dit kunstje op zijn paard Black Bess. In werkelijkheid was Turpin een erg onhandige struikrover.

👉 Nu hebben we vaak een romantisch beeld van struikrovers. Je had ze overal: geuzen in Nederland, kleften in Griekenland, hajduks in Servië en kozakken in Rusland.

## Gangsters met guns

☞ De Amerikanen Bonnie Parker en Clyde Barrow waren minnaars en collega's in de jaren 1930. Ze werden beroemd door hun linke berovingen.

☞ De beruchte gangster Al Capone kreeg zijn bijnaam Scarface (scar = litteken) op zijn 15de, toen hij tijdens een vechtpartij werd gestoken met een mes.

## Het wilde Westen

➤ Butch Cassidy en de Sundance Kid hoorden bij The Wild Bunch. Begin 20ste eeuw overvielen ze banken en treinen.

➤ Harry Longabaugh heette Sundance Kid nadat hij in Sundance, Wyoming, was betrapt bij het stelen van een paard.

➤ Revolverheld Wild Bill Hickock werd neergeknald toen hij bij het pokeren 2 zwarte azen en 2 zwarte achten in zijn hand had. Dat noemen we nu een 'dead man's hand'.

Ronnie Biggs werd veroordeeld voor zijn rol in de Grote Treinroof in 1963 (buit: 2,6 miljoen Engelse ponden). Hij ontsnapte en vluchtte naar Brazilië, waar deze foto is genomen.

## ECHT ROOF WAAR!

☞ De 19de-eeuwse bankrover Adam Worth stal een kostbaar schilderij van Gainsborough. 25 jaar later kreeg hij berouw en gaf hij het werk terug.

☞ De Amerikaanse bankrover Pretty Boy Floyd wist zich regelmatig al schietend een weg te banen door allerlei politiehinderlagen.

☞ Bankrover John Dillinger kreeg in de jaren 1930 de bijnaam Jackrabbit (prairiehaas) omdat hij snel en elegant over toonbanken en langs de politie sprong.

**DIT GELOOF JE NIET!**

# Stinkend rijk

Als je maar rijk genoeg bent, kun je zo'n beetje alles kopen.

## Lodewijk, de zonnekoning

Lodewijk XIV (1638–1715), de Zonnekoning, meende dat hij God was. Hij bouwde een paleis in Versailles dat een kwart van het totale Franse jaarinkomen kostte.

## Howard Hughes

☞ Howard Hughes (1905–1976), zoon van een oliemagnaat, stak zijn fortuin in een carrière als regisseur en piloot.

☞ Toen zijn vrouw een aangelopen zwerfkat niet in huis wilde hebben, huurde hij een hotelkamer voor het beestje. Zijn secretaresse schreef de kat elke maand een brief.

☞ Als hij taart at, wilde Hughes dat deze in vierkantjes werd gesneden – precies afgemeten met een liniaal.

## Crazy Castle

☞ Hearst Castle was het huis van kranteneigenaar en multimiljonair William Randolph Hearst. Hij bouwde het vanaf 1919 in San Simeon, Californië. Het kostte omgerekend naar nu een kleine 1 miljard euro.

☞ Het is een van de meest luxe huizen in de VS: het heeft maar liefst 56 slaapkamers, 61 ligbaden en 41 open haarden.

## ECHT LUXE WAAR!

☞ Deze Bentley (rechts) is erg duur: 250.000 euro. Toch is het een koopje vergeleken bij de SSC Ultimate Aero van 435.000 en de Bugatti Veyron van 710.000 euro.

☞ Bij het Londense Hyde Park worden nu appartementen gebouwd van meer dan 70 miljoen euro.

☞ Als je het Griekse jacht Annaliese wilt huren, kost je dat 80.000 euro per dag.

☞ Een bordje eten bij Masa's in New York kost 400 euro.

☞ Voor 3300 euro slaap je een nachtje in de duurste kamer in het MGM Hotel in Las Vegas.

➽ Indonesische Koppi Luwak-koffie kost 35 euro per kopje. Wezelachtige diertjes eten de koffiebonen op en poepen ze uit.

➽ Een sandwich met Japans Wagyu-vlees in het Londense warenhuis Selfridges kost je meer dan 100 euro.

## Blingbling

➽ Meer dan 400.000 euro voor een horloge van Constantin Vacheron is een koopje vergeleken bij het klokje met diamanten van Chopard. Dat werd een tijd geleden voor 17 miljoen euro verkocht!

➽ Het platina met diamanten mobieltje van Diamond Crypto Smart uit Moskou kost bijna 1 miljoen euro. Exclusief beltegoed!

➽ De schoenen van Stuart Weitzman, die bij Harrods in Londen te koop zijn, zijn geweven van platina en ingelegd met robijnen en opalen. Voor bijna 1 miljoen euro zijn ze voor jou!

➽ Het Duitse bedrijf Trekstor heeft een mp3-speler gemaakt van 18 karaats goud en dure diamanten. Je mag 'm hebben voor 20.000 euro!

**DIT GELOOF JE NIET!**

# Manische moordenaars

De beruchtste moordenaars doodden voor geld, voor liefde of gewoon voor de lol.

## ECHT VLAD WAAR!

☛ Dacht je dat Dracula verzonnen was? Het verhaal is gebaseerd op Vlad Dracul, die in kasteel Bran woonde.

☛ Hij werd wel Vlad de Spietser genoemd, want hij zou meer dan 20.000 mensen aan spiesen hebben geregen.

☛ Vlad nodigde eens zieken en armen uit voor een diner. Hij sloot ze op en stak de eetzaal in brand.

☛ Toen zijn Turkse gasten tijdens het eten hun hoed ophielden, spijkerde Vlad de hoeden aan hun hoofden.

## Jack the Ripper

➤➤ Jack the Ripper is de naam van de onbekende moordenaar die minstens 5 vrouwen doodde in Londen rond 1888.

➤➤ De politie kreeg een brief van ene 'Jack the Ripper', die schreef dat hij de dader was. De naam bleef hangen.

➤➤ Er zijn allerlei theorieën over de identiteit van de dader. De schrijver Arthur Conan Doyle dacht dat het een vrouw was en noemde haar 'Jill the Ripper'.

## Leven na de dood

✏️ Tegenwoordig geven sommige mensen hun lichaam na de dood aan de wetenschap. In de 18de en 19de eeuw moesten artsen en onderzoekers de lijken van echte lijkenrovers kopen.

✏️ Sommige lijkenrovers konden niet wachten tot iemand echt dood was en versnelden de boel een beetje door het slachtoffer te vermoorden.

✏️ De beroemdsten waren William Burke en William Hare, die reuzetrots waren op de vele verse lijken die ze rond 1825 aan studenten geneeskunde in Edinburgh leverden.

## Seriemoordenaars

☞ Sinds Jack the Ripper zijn er wereldwijd zeker 100 seriemoordenaars geweest.

☞ Een van de ergste was de Rus Andrei Chikatilo, die tussen 1978 en 1990 53 vrouwen en kinderen vermoordde.

☞ Pedro Alonso López vermoordde 300 meisjes in Peru en Ecuador in de jaren 1970 en 1980.

☞ De Britse dokter Harold Shipman werd in 2000 veroordeeld voor de moord op minstens 215 patiënten.

Toen het lijk van zijn vrouw was ontdekt (Londen, 1910) zat dr. Crippen al op de boot naar Canada. Hij is de eerste die dankzij draadloze communicatie werd gearresteerd.

**DIT GELOOF JE NIET!**

# Echte volhouders

Soms overleven mensen terwijl niemand daarop rekent. Je kunt dus meer dan je soms denkt.

## Overleven op zee

➤➤ In 1799 muitte de bemanning van de Bounty. Kapitein Bligh werd met een stel anderen in een bootje op de **Stille Oceaan** gezet. Ze voeren 5500 km en overleefden.

➤➤ Shackletons schip Endurance sloeg in 1915 kapot op het ijs van de Zuidpool. Hij en enkele van zijn mannen voeren 1200 km in een open bootje over de woeste zee – en overleefden.

➤➤ Nadat hun jacht op de Stille Oceaan door een walvis was omgegooid in 1973, overleefden Maurice en Maralyn Bailey 117 dagen in een rubberbootje. Ze vingen vis met een veiligheidsspeld aan een touwtje.

## De echte Crusoe

☛ Het verhaal over Robinson Crusoe is gebaseerd op Alexander Selkirk, een Britse zeeman die 4 jaar op een onbewoond eiland leefde, tot hij in 1709 werd gevonden.

☛ Eerst woonde hij in een grot op het strand, maar hij vluchtte landinwaarts vanwege de zeeleeuwen. Daar at hij geiten en temde hij boskatten om hem gezelschap te houden.

☛ Selkirk verstopte zich voor de eerste twee schepen die hij zag. Het waren Spanjaarden – vijanden van de Britten.

## Missie volbracht

Tijdens een geheime missie in de Tweede Wereldoorlog stortte de Amerikaanse piloot Eddie Rickenbacker in zee. Hij werd een maand later in een open boot gevonden. Zijn missie was volbracht.

In 1970 vond in de Apollo 13 een explosie plaats toen hij vlak bij de maan was. De bemanning overleefde ondanks de kou en het gebrek aan zuurstof en water.

## Overleven in de Andes

Toen hun vliegtuig in 1972 hoog in het Andesgebergte crashte, bleven 16 passagiers 72 dagen in leven door van het vlees van de doden te eten. Roberto Canessa en Nando Parrado haalden hulp en moesten daarvoor 10 dagen lopen.

## Extreme omstandigheden

✏️ De Amerikaanse Joan Murray maakte een parachutesprong in 1999, maar haar parachute ging niet open. Ze landde in een berg rode mieren; door hun steken bleef haar hart kloppen en overleefde ze.

✏️ Toen een gigantische steen in 2003 op Aron Ralston viel (in Utah, VS), zat zijn hand klem. Hij sneed zijn hand er met een zakmes af en kon hulp zoeken.

✏️ De Vietnamese visser Bui Duc Phuc dreef in 2004 tijdens het vissen de zee op. Hij bleef 14 dagen in leven door zijn eigen plas te drinken.

**ECHT OVERLEVEN WAAR!**

👉 In 1985 brak Joe Simpson in de Andes zijn been. Zijn collega-klimmer Simon Yates probeerde hem met touwen naar beneden te krijgen. Hij gleed uit en bungelde boven een ravijn. Om te voorkomen dat ze beiden zouden sterven, sneed Yates het touw los en ging alleen terug; Simpson viel in het ravijn. Maar Simpson overleefde de val en kwam na 3 dagen het kamp in gekropen.

👉 Toen Mauro Prosperi in 1994 een marathon liep in de Sahara, verdwaalde hij in een zandstorm. Hij liep 200 km, overleefde 10 dagen zonder water en dronk alleen wat vleermuizenbloed.

✈️ In mei 2005 leden 88 migranten schipbreuk op de Stille Oceaan. Ze werden gered toen de kustwacht hun flessenpost vond.

**DIT GELOOF JE NIET!**

# Da's pas slim!

Bovenmenselijk of haast gestoord? De grootste genieën in de geschiedenis hadden een eigen kijk op de wereld.

## Gekke Grieken

➤➤ De Griekse filosoof Plato was een perfectionist. Hij herschreef het begin van zijn boek De republiek minstens 50 keer.

➤➤ Plato schreef over de machtige natie Atlantis, nu opgeslokt door de zee. Men zoekt al jaren naar de stad die Plato compleet verzon.

➤➤ De wijsgeer Diogenes leefde in een bad en gedroeg zich als een hond. Hij pieste op mensen die hij onaardig vond en poepte in het theater.

➤➤ Koning Alexander de Grote was stomverbaasd toen de oude Diogenes hem vroeg of hij even 'uit zijn zon' kon gaan staan.

➤➤ Toen Mozart Allegri's ingewikkelde stuk Miserere één keer gehoord had, kon hij het naspelen.

➤➤ Franz Liszt speelde 21 concerten van 3 uur uit zijn hoofd, zonder in herhalingen te vervallen.

### ECHT GENIE WAAR!

☛ Leonardo da Vinci was zijn tijd ver vooruit: hij ontwierp parachutes, een helikopter, een tank, een machinegeweer en een vliegtuiglandingsgestel – in de 17de eeuw! Hij was links en schreef in spiegelbeeld om geen inktvlekken te maken.

☛ Isaac Newton, bekend als wis- en natuurkundige, vond ook het kattenluikje uit. Hij had er twee: eentje voor zijn kat en een voor haar jonkies.

☛ De Amerikaanse wetenschapper en staatsman Benjamin Franklin bedacht de schommelstoel, zwemvliezen en bifocale brillenglazen.

## Laat het licht maar aan

Uitvinder Thomas Edison was bang in het donker, wat verklaart waarom hij een gloeilamp wilde uitvinden. Hij bedacht ook een machine om geluid op te nemen: de fonograaf (foto rechts).

☞ Marie Curie (links) ontdekte straling. Ze was de eerste die twee Nobelprijzen kreeg.

☞ Albert Einsteins pariëtale hersenkwab, het gedeelte voor wiskunde en logica, was maar liefst 15% groter dan bij de gemiddelde mens.

☞ Hoewel hij al sinds zijn 20ste deels verlamd is, schreef Stephen Hawking het best verkochte natuurkundeboek ooit: *Een korte geschiedenis van de tijd*, waarin hij theorieën over het heelal uitwerkt.

## Klein en groot tegelijk

Grootmeester is de hoogste internationale titel die een schaker kan halen. Sinds 1914 hebben slechts 900 het zover geschopt. De jongste ooit was de Oekraïense Sergey Karjakin; hij was 12 jaar en 7 maanden (in 2002).

## DIT GELOOF JE NIET!

# Blunders

Domme fouten kunnen je geld, een wedstrijd en zelfs je leven kosten.

### Laatste woorden

☛ 'Ze kunnen vanaf deze afstand nog geen olifant raken' waren in 1864 de laatste woorden van kolonel John Sedgwick, die vocht in de Amerikaanse Burgeroorlog – vlak daarna werd hij in Spotsylvania door een scherpschutter gedood.

☛ 'Ik kan gewoon níet slapen', zei de schrijver van *Peter Pan*, J.M. Barrie, vlak voor hij voor eeuwig ontsliep.

In de Slag bij de Little Bighorn in 1876 werden de mannen van kolonel George Custer verslagen door twee indianenstammen, de Sioux en de Cheyenne. Het was een tactische megablunder!

ECHT ZAKEN WAAR!

☛ Toen Gerald Ratner van de gelijknamige juwelier in 1991 werd gevraagd hoe het kon dat zijn sieraden zo goedkoop waren, zei hij dat het 'gewoon troep' was. De verkoop daalde enorm en een tijd later kon hij vertrekken.

☛ In 1991 deelde het stofzuigerbedrijf Hoover gratis vluchten naar Europa en New York uit aan iedereen die voor 130 euro aan Hooverspullen kocht. Deze stunt kostte Hoover in totaal bijna 63 miljoen euro.

☛ In 2005 maakte een beurshandelaar van het Japanse bedrijf Mizuho een dure typefout. Hij verkocht 610.000 aandelen voor 1 yen in plaats van 1 aandeel voor 610.000 yen. De fout kostte Mizuho ongeveer 700 miljard euro.

## Op de valreep verslagen

Voor de finish van de Engelse paardenrace Grand National in 1956 sprong koploper Devon Loch over een denkbeeldige hindernis, struikelde – en verloor.

## Sport

➜ In de finale van het American football in 1993 vierde Leon Lett van de Dallas Cowboys te vroeg een feestje. Hij werd getackeld en scoorde niet.

➜ In 2006 wilde een speler van het Engelse Bury een omhaal maken: hij brak zijn neus én scoorde een eigen doelpunt!

## Bushbloopers

➜ George W. Bush (foto) staat bekend om zijn warrige en dubieuze uitspraken. Hij zei ooit: 'Mensen die ons land illegaal binnenkomen, overtreden de wet.' Hmm, hoe zei u?

➜ En wat dacht je van deze: 'Ik weet wat ik geloof. Ik blijf zeggen wat ik geloof en wat ik geloof ... ik geloof dat wat ik geloof goed is.' Oeps.

## Warrige wetenschappers

☛ In de jaren 1920 werden er botten gevonden in Engeland. Deze 'Piltdown Man' zou de link tussen apen en mensen vormen. In 1953 werd bekend dat het om een schedel van een mens en de kaak van een orang-oetang ging.

☛ 70 jaar lang beweerde men dat spinazie 10 keer zoveel ijzer bevat als dat het eigenlijk doet. Een rekenfoutje van ene dr. Van Wolf.

☛ In 2006 dachten wetenschappers dat de gekkekoeienziekte BSE niet meer bestond. Tot bleek dat ze de hersenen van schapen in plaats van koeien hadden bestudeerd.

## DIT GELOOF JE NIET!

# Supersporters

Sporters gaan voortdurend over grenzen heen en bereiken zo soms heel veel.

In het oude Griekenland sportten ze naakt. Het woord 'gymnastiek' is afgeleid van het Griekse woord voor 'naakt'.

Jesse Owens won 4 gouden atletiekmedailles op de Spelen van 1936 in Berlijn. Deze prestatie werd pas in 1984 geëvenaard door Carl Lewis.

### Babe Ruth

☛ Honkballer George 'Babe' Ruth werd ook wel de Bambino, de Sultan van de slag en de Kolos met de knal genoemd.

☛ Hij kreeg zijn bijnaam Babe toen hij 'Jacks nieuwste babe' werd genoemd nadat hij in 1914 voor de Baltimore Orioles van Jack Dunne had getekend.

☛ Ruth sloeg in 1927 60 homeruns in één seizoen. Dit record bleef 34 jaar staan.

☛ In 1998 riep het tijdschrift *Sporting News* Babe Ruth uit tot de grootste honkballer ooit.

**ECHT WAAR! VROUW**

☛ Stella Walsh won goud op de 100 meter tijdens de Spelen van 1932. Toen ze in 1981 stierf, wees onderzoek uit dat ze een man was.

☛ Jackee Joyner-Kersee was de beste vrouwelijke atleet van de 20ste eeuw. Ze won 6 keer goud op de Spelen en was de koningin van de zware zevenkamp.

☛ Mildred 'Babe' Didrikson was een geweldige allround sporter. Ze won goud met basketbal, won 2 gouden hardloopmedailles op de Spelen van 1932 en blonk uit in tennissen, honkballen, golfen en zelfs biljarten.

☛ De 14-jarige Roemeense turnster Nadia Comaneci haalde de maximale score van 10 op de Spelen van 1976 in Montreal. Ze was de eerste ooit!

## Tennis

✎ De Tsjechische Amerikaan Martina Navratilova won 9 keer het damestoernooi op Wimbledon.

✎ Navratilova won 167 enkeltitels in haar carrière – meer dan wie dan ook.

✎ De Amerikaans Pete Sampras won 14 grandslamtitels.

✎ De Australische Rod Laver won tweemaal 4 grandslamtitels in 1 jaar.

## Voetbal

➤➤ De Braziliaan Pelé scoorde gemiddeld 1 goal per interland. Hij maakte 90 hattricks tijdens zijn carrière.

➤➤ Met Pelé won Brazilië het WK 3 keer.

➤➤ De Oekraïense Nikolaj Koetsenko hield ooit eens 24,5 uur een balletje hoog!

➤➤ De Amerikaanse voetbalster Mia Hamm heeft in haar interlandcarrière meer goals gescoord dan wie dan ook – man of vrouw: 149.

## Tiger de tijger

☛ Tiger Woods speelde al golf op tv toen hij 2 was.

☛ Woods werd de jongste nummer 1 van de wereld in 1996, toen hij 21 was.

☛ In 2006 had hij al 12 grote toernooien gewonnen.

☛ In 2006 had hij 52 PGA-toernooien gewonnen. Meer dan elke andere golfer.

☛ In 2005 was Woods de best betaalde profsporter op aarde.

# MENS EN WERELD

In onze betrekkelijk korte tijd op aarde hebben wij mensen al heel wat bijzondere dingen gedaan. We hebben machines gebouwd, zoals computers die bijna net zo slim als hersenen zijn. We hebben ook domme en vreselijke dingen gedaan. Lees hier over onze beste en onze slechtste prestaties.

Briljante bouwwerken!

Data bijt, eh bite!

Abnormale auto's!

**MENS EN WERELD**

# Groeiende steden

Meer dan 3 miljard mensen leven in steden en elke dag komen daar duizenden bij.

## Oude steden

☛ Een van de oudste steden ter wereld is Hamoukar in Syrië: die stad is 6000 jaar geleden gesticht. Nu woont er niemand meer – wel in Damaskus vlakbij, dat ook al duizenden jaren wordt bewoond.

☛ Babylon, bij het huidige Bagdad, was de eerste stad met meer dan 200.000 inwoners – dat was al in 600 v.C.

☛ Rome was de eerste stad met 1 miljoen inwoners, in 27 n.C.

☛ De eerste grote stad in Amerika was Teotihuacán in het huidige Mexico. Er woonden 250.000 mensen in 300 n.C.

## Steden bouwen

➤➤ De Russische tsaar Peter de Grote koos een moerasgebied voor de nieuwe hoofdstad Sint-Petersburg. Meer dan 300.000 bouwvakkers stierven tijdens de bouw.

➤➤ De hoofdstad van Brazilië, Brasilia, is bedacht door president Juscelino Kubitschek, die een hoofdstad in het midden van het land wilde. De bouw duurde 41 maanden en de stad was klaar in april 1960.

➤➤ Vaticaanstad in Rome is eigenlijk een land. Een landje zo groot als 50 voetbalvelden!

➤➤ Met maar 329 inwoners is het Zwitserse Fürstenau de stad met de minste inwoners ter wereld.

 **ECHT MEGA-STAD WAAR!**

☛ De grootste steden op aarde heten megasteden. New York heeft de grootste oppervlakte, Tokyo de meeste inwoners.

☛ In 2006 waren er 5 steden met meer dan 18 miljoen inwoners: Tokyo (35,5), Mexico-Stad (19,24), Mumbai (18,84), New York (18,65) en Sao Paulo (18,61).

☛ 5 van 's werelds 13 grootste steden liggen in India: Mumbai, Delhi, Calcutta, Dhaka en Karachi.

☛ De drukste megastad is Manila op de Filipijnen. Op elke vierkante kilometer wonen daar 43.079 mensen; in Amsterdam zijn dat er 4541 en in Brussel 6497.

➤➤ Heel lang was Tokyo (grote foto) de duurste stad om in te wonen. Nu zijn Moskou en Londen duurder.

➤➤ In Tokyo wonen per vierkante kilometer 3 keer zoveel mensen als in Londen.

Moderne steden zijn zo gegroeid dat ze kleinere plaatsen eromheen hebben opgeslokt. Als je alleen kijkt naar de oorspronkelijke oppervlakte, is Mumbai in India de allergrootste stad.

## Stad van de toekomst

☛ In 2020 zullen er in Lagos, Dhaka, Delhi, Mumbai, Calcutta, Jakarta, Sao Paulo en Mexico-Stad meer dan 20 miljoen mensen wonen.

☛ De grootste megastad wordt ooit misschien de Chinese stad Pearl River, rond Guangzhou.

☛ Tussen nu en 2020 vindt de grootste trek ooit plaats. 500 miljoen mensen trekken naar de groeiende Chinese steden.

**MENS EN WERELD**

# Cool gereedschap

We zijn een heel eind opgeschoten sinds iemand een steen oppakte en die scherp sleep.

## De eerste machines

☛ Jagers in de steentijd bedachten manieren om hun spierkracht te vergroten tijdens de jacht: ze maakten slingers, speren en pijl en bogen. Dit waren hun eerste machines.

☛ 12.000 jaar geleden gingen 'boeren' gewassen verbouwen en vonden ze machines als een ploeg uit.

☛ 7000 jaar geleden zette iemand in Sumerië in het Midden-Oosten twee draaischijven van een pottenbakker op hun kant en bevestigde ze aan een krat. Het wiel was uitgevonden en al die jaren is het niet veranderd.

## Stenen gereedschap

➺ Onze voorouders gingen 2,6 miljoen jaar geleden stenen als gereedschap gebruiken. De periode waarin men stenen gereedschap gebruikte, de steentijd, duurde 2,59 miljoen jaar.

➺ Geschikte stenen werden in een goede vorm gehakt en geslepen. In de steentijd gebeurde dit zelfs in een soort fabriekjes!

Mensen in Mesopotamië beseften 8000 jaar geleden dat ploegen een stuk makkelijker zou gaan als een os het zware werk deed. Die os was de eerste 'motor'.

**ECHT MEGASTAD WAAR!**

👉 De grootste steden op aarde heten megasteden. New York heeft de grootste oppervlakte, Tokyo de meeste inwoners.

👉 In 2006 waren er 5 steden met meer dan 18 miljoen inwoners: Tokyo (35,5), Mexico-Stad (19,24), Mumbai (18,84), New York (18,65) en Sao Paulo (18,61).

👉 5 van 's werelds 13 grootste steden liggen in India: Mumbai, Delhi, Calcutta, Dhaka en Karachi.

👉 De drukste megastad is Manila op de Filipijnen. Op elke vierkante kilometer wonen daar 43.079 mensen; in Amsterdam zijn dat er 4541 en in Brussel 6497.

➤➤ Heel lang was Tokyo (grote foto) de duurste stad om in te wonen. Nu zijn Moskou en Londen duurder.

➤➤ In Tokyo wonen per vierkante kilometer 3 keer zoveel mensen als in Londen.

Moderne steden zijn zo gegroeid dat ze kleinere plaatsen eromheen hebben opgeslokt. Als je alleen kijkt naar de oorspronkelijke oppervlakte, is Mumbai in India de allergrootste stad.

## Stad van de toekomst

👉 In 2020 zullen er in Lagos, Dhaka, Delhi, Mumbai, Calcutta, Jakarta, Sao Paulo en Mexico-Stad meer dan 20 miljoen mensen wonen.

👉 De grootste megastad wordt ooit misschien de Chinese stad Pearl River, rond Guangzhou.

👉 Tussen nu en 2020 vindt de grootste trek ooit plaats. 500 miljoen mensen trekken naar de groeiende Chinese steden.

**MENS EN WERELD**

# Fantastische gebouwen

We bouwen van alles om in te wonen en werken. We bouwen met bakstenen, rotsen en zelfs mest.

## Oude bouwwerken

➤➤ In 2000 zijn in Japan de resten van 's werelds oudste gebouw gevonden.

➤➤ De piramide van Cheops in Egypte (4500 jaar oud) is nog steeds het meest omvangrijke gebouw op aarde. Hij is gebouwd met ongeveer 2,3 miljoen stenen van 2300 kg per stuk!

➤➤ 's Werelds eerste echt grote betonnen gebouw was niet een wolkenkrabber, maar het Pantheon in Rome, gebouwd in 126 n.C.

Hier in Turkije wonen mensen, troglodieten genoemd, in grotten die in de rotsen zijn gehouwen. De grotten zien er misschien primitief uit, maar ze zijn lekker koel in de zomer en warm in de winter.

## Mesthuizen

☞ De stenen van deze Rwandese rondavel zitten op elkaar met koeienmest. Van mest gemengd met stro maak je steengoede bouwstenen.

☞ Koeienmest is misschien wel het bouwmateriaal van de toekomst: als stenen én als specie te gebruiken.

**ECHT HOOGSTE WAAR!**

👉 Superbelangrijk voor de ontwikkeling van wolkenkrabbers was de uitvinding van de lift door Elisha Otis in 1857. Je zal toch al die trappen moeten beklimmen!

👉 's Werelds eerste wolkenkrabber was het Home Insurance Building (gebouwd in 1885) in Chicago. Maar New York overtrof die al snel met de Flat Iron in 1902.

👉 Decennia lang was het Empire State Building (in 1931 gebouwd in New York) het hoogste gebouw op aarde met zijn 381 meter.

👉 Tot 2007 was de Taipei 101 in Taiwan (foto rechts) het hoogste gebouw: 508 meter. Nu is dat de Burj Dubai in Dubai, die als hij af is 818 meter hoog zal zijn.

👉 De twee torens van Petronas in Kuala Lumpur in Maleisië waren klaar in 1998 en meten 452 meter.

## De toekomst

✏️ Er worden steeds meer 'klimaatneutrale' gebouwen gemaakt: gebouwen die zelf ook energie leveren met bijvoorbeeld windmolens en zonnepanelen.

✏️ In 'intelligente' huizen worden de verlichting en verwarming elektronisch door de computer gestuurd.

✏️ Je koelkast leest in de toekomst de streepjescodes en vertelt je wanneer iets over de datum is – misschien kan hij zelfs wel nieuwe boodschappen voor je bestellen.

✏️ Schoonmaken gebeurt dan met geluidsgolven, niet met een sopje. Misschien kun je zelfs douchen met geluid!

## MENS EN WERELD

# Cool gereedschap

We zijn een heel eind opgeschoten sinds iemand een steen oppakte en die scherp sleep.

### De eerste machines

☛ Jagers in de steentijd bedachten manieren om hun spierkracht te vergroten tijdens de jacht: ze maakten slingers, speren en pijl en bogen. Dit waren hun eerste machines.

☛ 12.000 jaar geleden gingen 'boeren' gewassen verbouwen en vonden ze machines als een ploeg uit.

☛ 7000 jaar geleden zette iemand in Sumerië in het Midden-Oosten twee draaischijven van een pottenbakker op hun kant en bevestigde ze aan een krat. Het wiel was uitgevonden en al die jaren is het niet veranderd.

### Stenen gereedschap

➤ Onze voorouders gingen 2,6 miljoen jaar geleden stenen als gereedschap gebruiken. De periode waarin men stenen gereedschap gebruikte, de steentijd, duurde 2,59 miljoen jaar.

➤ Geschikte stenen werden in een goede vorm gehakt en geslepen. In de steentijd gebeurde dit zelfs in een soort fabriekjes!

Mensen in Mesopotamië beseften 8000 jaar geleden dat ploegen een stuk makkelijker zou gaan als een os het zware werk deed. Die os was de eerste 'motor'.

92

## Simpele machines

✏️ Wetenschappers beweren dat er maar zes 'simpele' machines zijn waarop alle andere zijn gebaseerd: hefboom, helling, wig, schroef, wiel of roller, en katrol. We gebruiken ze allemaal elke dag – overal.

✏️ Machines geven je meer kracht. Bijvoorbeeld: met een katrol kun je een voorwerp 1 meter ophijsen terwijl je een touw 10 meter trekt. Dit betekent dat je op deze manier een voorwerp kunt ophijsen dat 10 keer zwaarder is dan je had gekund zonder machine.

## Dierlijk gereedschap

👉 We dachten altijd dat de steentijd ons uniek maakte, maar nu weten we dat chimpansees ook een steentijd hebben. Zij kraken al minstens 4000 jaar noten met stenen.

👉 Egyptische gieren gebruikten stenen om harde eieren te breken.

👉 Kraaien op Nieuw-Caledonië in de Stille Oceaan maken stokjes met een speciale vorm om insecten uit dood hout te peuteren.

👉 In 1980, toen de wetenschapper Ben Beck vergat water bij het droogvoer van zijn laboratoriumkraai te doen, haalde de kraai zelf water in een kopje.

**ECHT NANO WAAR!**

👉 Wetenschappers werken al tijden aan nanotools: gereedschap dat kleiner dan een speldenkop is. 1 nano is 1 miljardste deel.

👉 Met moleculaire mechanismen (rechts en boven) kunnen we machines nog veel dunner dan een mensenhaar maken.

👉 Nanovoertuigen kunnen zich door je lichaam verplaatsen en medicijnen toedienen waar die nodig zijn.

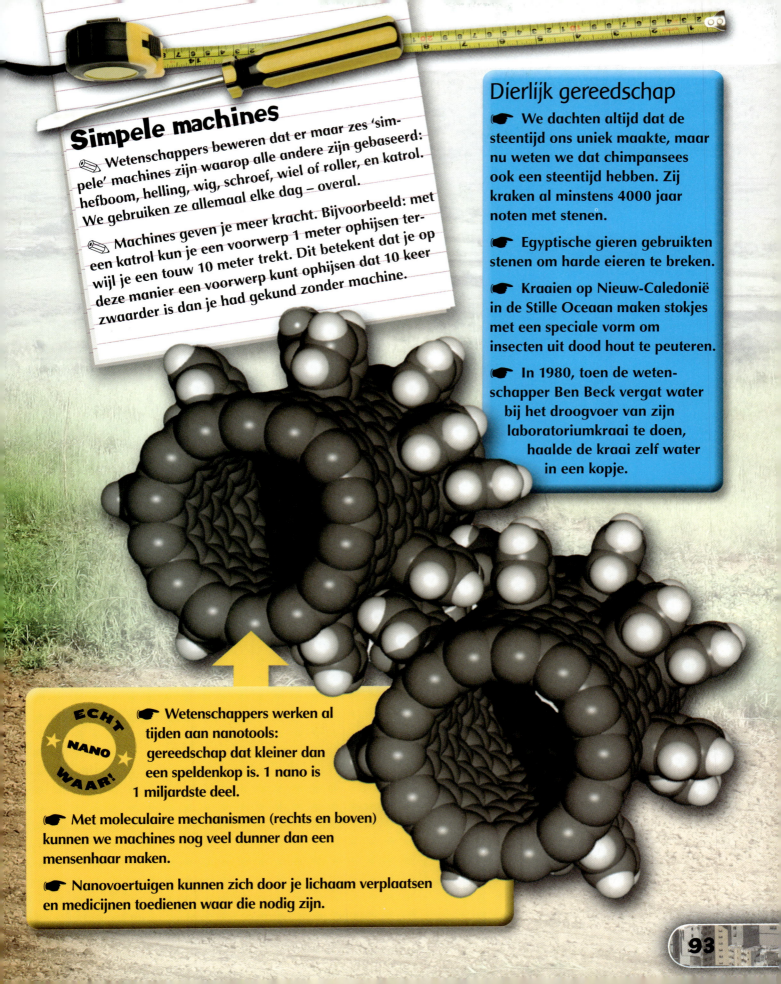

## MENS EN WERELD

# Ik heb een idee!

Er zijn briljante dingen uitgevonden, maar ook heel erg domme.

### O jee ...

- Omdat hij genoeg had van dat wachten op zijn bagage, bedacht Robert Fulton in 1945 een vliegtuig dat ook een auto was. Helaas was het zo zwaar dat het nooit kon opstijgen.
- Eén uitvinder bedacht de doodskist met alarm – voor het geval je per ongeluk levend wordt begraven.
- Een andere heeft patent op de tweepersoonshandschoen. Speciaal voor mensen die ook in de winter het liefst hand in hand lopen.
- Thomas Alva Edison, een van de uitvinders van de gloeilamp en de film, bedacht ook betonnen meubels. Dat werd niet echt een groot succes ...

### Medicijnen

- Alexander Fleming (links) ontdekte in zijn laboratorium de antibiotica toen hij zag dat de schimmel penicilline bacteriën doodde.
- In 1952 ontwikkelde Jonas Salk een vaccin tegen polio. Hij testte het voor de zekerheid op zichzelf.

➤➤ Het scheetkussen werd uitgevonden toen werknemers van een Canadese rubberfabriek gingen 'experimenteren' met vellen rubber.

➤➤ Het scheetalarm is een lollige uitvinding die zou gaan piepen als het een scheet 'ruikt'. Het alarm gaat echter af door trillingen.

## Rolschaatsen

Rolschaatsen werden in 1760 uitgevonden door de Londense Joseph Merlin. Op een dag verscheen hij bij een gemaskerd bal op schoenen met metalen wieltjes – en reed pardoes tegen een enorme spiegel aan, die uiteraard kapot ging.

In de jaren 1970 wilde Art Fry een boekenlegger voor zijn psalmboek met lijm die niet bleef plakken ... en bedacht de gele Post-Its.

**ECHT INSPIRATIE WAAR!**

☛ In 1956 bedachten Noah en Joe McVicker een middeltje om behang schoon te maken. Ze zagen dat het net klei was, maar dan beter – en vonden zo Play-doh uit.

☛ In 1938 werkte Roy Plunkett met gas. Eén soort gas werd hard en er bleef niets aan plakken. Hij vond zo teflon uit, waar ze pannen met een antiaanbaklaag van maken.

☛ In 1905 liet de 11-jarige Frank Epperson een glas frisdrank met een stokje erin buiten staan. Het vroor die nacht; de eerste ijslolly was een feit.

☛ Geïnspireerd door de reflectie van autolichten op verkeersborden vond Percy Shaw in 1934 het kattenoog uit.

## MENS EN WERELD

# 't Is af!

In de eerste moderne fabrieken werden kleren gemaakt. Nu wordt echt alles in fabrieken gemaakt.

### Industriële Revolutie

👉 In de 18de eeuw begon de Industriële Revolutie in Groot-Brittannië toen er in fabrieken stoffen van katoen werden gemaakt.

👉 Aan het eind van de 19de eeuw maakten veel bedrijven, zoals Singer met zijn naaimachines (rechts), machines waarmee je thuis kleren kon maken.

Terwijl miljoenen mannen in de Eerste Wereldoorlog vochten, werkten de vrouwen in de wapenfabrieken. Vaak was dat de eerste keer dat ze buitenshuis werkten.

**ECHT FABRIEK WAAR!**

👉 Henry Ford kreeg tijdens een bezoek aan het slachthuis, waar de dode koeien aan haken bungelden, het idee om een T-Ford (de eerste goedkope en massaal geproduceerde auto) te bouwen aan een lopende band.

👉 De auto-industrie is nu een van 's werelds grootste industrieën. Er werken tientallen miljoenen mensen die elk jaar meer dan 60 miljoen nieuwe auto's en trucks maken.

👉 's Werelds grootste fabriek is Boeings Everett Plant, waar de 747 wordt gemaakt. De fabriek is zo groot als 40 voetbalvelden.

## Vieze fabrieken

➤➤ De eerste fabrieken waren een grote schok, want veel handwerkers verloren hun baan. In Engeland had je de luddisten, die zich met geweld verzetten tegen de industrialisatie en mechanisering.

➤➤ 's Werelds smerigste fabriek staat waarschijnlijk in Rannipet in India, waar een fabriek een afvalberg van 1,4 miljoen ton chemische troep heeft.

➤➤ In de Russische stad Dzerzinsk heeft de plaatselijke wapenfabriek het water zo erg vervuild dat de mannen er gemiddeld niet ouder dan 42 worden.

➤➤ De grootste chocoladefabriek ter wereld staat in Hershey in Pennsylvania in de VS.

➤➤ De Hershey-fabriek verwerkt elk jaar meer dan 250.000 kg cacaobonen.

➤➤ Een levensgrote robot kan een gewicht van 50 kg verplaatsen met een nauwkeurigheid van 0,1 mm.

➤➤ Moderne fabrieksrobotten kunnen veel sneller en veel preciezer lassen dan mensen.

## MENS EN WERELD

# Fantastisch voedsel

Op boerderijen verbouwen we allerlei soorten voedsel, maar als we niet uitkijken brengen we onszelf in de problemen.

### De eerste boeren

☛ De eerste boeren leefden 12.000 jaar geleden. Ze haalden zaden uit wilde grassoorten en plantten ze om tarwe en dergelijke te verbouwen.

☛ De nieuwe boeren waren kleiner dan de mensen die jaagden en vruchten en noten zochten, doordat ze minder gevarieerd aten.

### Boerderijdieren

☛ Tegenwoordig zijn er meer dan 1,8 miljard schapen, 1,3 miljard koeien, 1 miljard varkens en meer dan 13 miljard kippen.

☛ Per jaar worden er over de hele wereld meer dan 30 miljard kippen geslacht voor consumptie.

☛ In de industrielanden eten maar weinig boerderijdieren alleen gras. Ze krijgen onder andere graan en soja.

➳ Een eeuw geleden verbouwde een boer in de VS voldoende graan voor 25 mensen. Dankzij machines verbouwt een boer nu voedsel voor 1000 mensen.

➳ In de toekomst worden oogstmachines als deze door computers gestuurd.

## ECHT voedsel WAAR!

☛ Meer dan een miljard mensen zijn te zwaar doordat ze te veel eten. Ongeveer evenveel mensen zijn ziek of gaan dood doordat ze te weinig eten.

☛ Een bepaald soort diabetes komt steeds meer voor bij kinderen. De oorzaak is niet helemaal bekend, maar overgewicht en weinig beweging spelen een rol.

☛ Kinderen in Europa en de VS eten twee keer zoveel zout als de aanbevolen dagelijkse hoeveelheid.

☛ Driekwart van het zout in ons eten komt uit geconserveerd voedsel. Er wordt extra zout aan toegevoegd.

Geen van deze 'vruchtensnoepjes' bevat fruit. De vruchtensmaken komen van chemische smaakstoffen uit een laboratorium.

➡ Door kassen, koeltechnieken en moderne transportmiddelen kunnen we elk gewas het hele jaar door kopen.

➡ De inhoud van een gemiddeld winkelwagentje heeft al 150.000 km afgelegd voor jij het koopt.

## Stof tot nadenken

☛ Elk jaar gooien we per persoon tientallen kilo's voedsel weg. Dat komt neer op 125 euro.

☛ Een derde van alle groente en fruit die we eten, bevat sporen van chemische pesticiden die op de landerijen en de gewassen zijn gespoten.

☛ Er is 3785 liter water nodig om 1 kg kaas te maken en meer dan 83.000 liter voor de productie van 1 kg hamburgervlees.

## MENS EN WERELD

# Drolligheid

Naar de wc gaan kan een ernstige zaak zijn. Wat gebeurt er eigenlijk met al die poep?

### Middeleeuwse wc's

☞ Bij middeleeuwse kastelen steken speciale kamertjes uit de muur. Daarin lag een houten plank met een gat erin, waar je op moest zitten. Je poep viel dan zo in een put.

☞ De wc in een kasteel was tegelijk de garderobe van de kasteelheer, want die vreselijke stank hield de motten op afstand.

☞ En de put waarin de troep uit de garderobe werd verzameld, moest natuurlijk ook door iemand worden geleegd ...

## Oude toiletten

✎ 's Werelds oudste toiletten vind je in het 4000 jaar oude paleis van Knossos op Kreta. Pijpen voerden de poep weg en er was een hoge watertank voor het doorspoelen. Heel modern!

✎ De Romeinen deelden een spons aan een stok om hun billen af te vegen. Pak hem wel aan de goede kant vast!

Zo'n 200 jaar geleden konden mannen midden in een gesprek een po pakken om even hun behoefte te doen. Dames schoven de po keurig onder hun rokken.

**ECHT RIOOL WAAR!**

👉 In het 19de-eeuwse Londen ging alle poep en plas naar de Theems, zodat het drinkwater bruin werd.

👉 Het drinkwater was zo ongezond dat veel mensen in de periode 1810–1850 er cholera door kregen en stierven.

👉 In 1848 besloot de regering dat elk huis een asgat moest hebben, waarin de poep en plas op een berg as vielen, die dan door iemand werd opgehaald.

👉 In 1858 veroorzaakte een hittegolf een enorme stank. Londen was net één groot toilet!

👉 Uiteindelijk werd er een ondergronds riool gebouwd. Het was af in 1865 en wordt nog steeds gebruikt.

## Closetpapier

➡➡ Men gebruikte sponsen, lappen, bladeren en zelfs de handen om de billen af te vegen, tot in 1857 in de VS het closetpapier machinaal werd geproduceerd. In de 14de eeuw gebruikte de Chinese keizer ook al wc-papier.

➡➡ Pas vanaf 1928 zat het papier op een rolletje.

### Wc van de toekomst

Sommige Japanse wc's hebben deksels die omhooggaan als je binnenkomt, brillen die warm worden als je gaat zitten en ze sproeien water tegen je billen als je klaar bent.

## MENS EN WERELD

# Data bijt, eh bite

We vinden het fijn dat machines het werk voor ons doen. Maar moderne computers kunnen nog veel meer.

☛ Waarschijnlijk stamt de allereerste computer uit het Kreta van 2000 jaar geleden. Het was een complex systeem van wieltjes en radertjes om de beweging van de sterren te berekenen.

☛ In 1832, ver voor het elektronica-tijdperk, bouwde Charles Babbage een rekenmachine van koperen wieltjes en wijzers – de Difference Engine (rechts).

☛ De wiskundige Alan Turing ontwikkelde de Turingmachine, in wiskundige termen 'een model van berekening en berekenbaarheid'.

Computers bevatten chips van siliconen, zoals deze. Elke chip bestaat uit duizenden schakelaartjes die voor een 0 of een 1 staan. Alles wat een computer doet, is op basis van nullen en eentjes.

### Computerpower

☛ FLOPS verwijzen naar het vermogen van een computer. 1 tera-FLOPS betekent een biljoen ($10^{12}$) berekeningen per minuut.

☛ 's Werelds krachtigste computer is de Blue Gene/L, die 360 tera-FLOPS kan halen. Dat is minder dan onze hersenen: die halen 10.000 tera-FLOPS.

☛ Blue Gene is zo groot als een halve tennisbaan!

☛ IBM bouwt aan Blue Gene/P, die 1 peta-FLOPS ($10^{15}$) kan halen: 1 biljard berekeningen per seconde.

In 1997 speelde de schaakcomputer Deep Blue II een tweekamp tegen wereldkampioen Garri Kasparov. De computer won.

## Internet

☞ Het duurde 13 jaar voor de tv 50 miljoen gebruikers had. Het internet had daar nog geen 4 jaar voor nodig. Nu gebruiken meer dan 260 miljoen mensen het internet.

☞ Op elk e-mailadres komen per dag gemiddeld 26 berichten binnen.

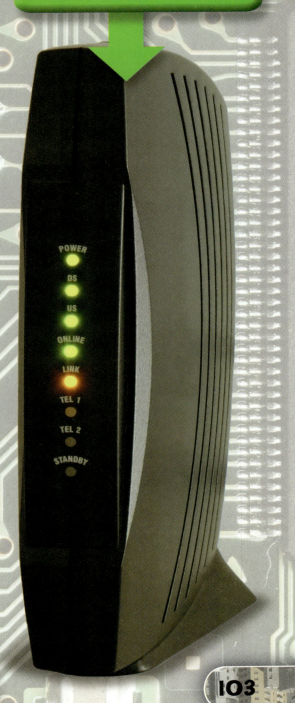

### Wonderlijk web

✎ Google is genoemd naar het wiskundige getal googol: een 1 met 100 nullen!

✎ Yahoo! is genoemd naar een personage in het boek *Gullivers reizen*. Een yahoo was een vreselijke, bijna onmenselijke persoon.

## MENS EN WERELD

# Schip ahoi!

Vikingen zeilden 1000 jaar geleden al een oceaan over. Nu vervoeren schepen goederen over de hele wereld.

### Over de plank lopen
De schrijver van *Peter Pan* schreef dat als piraten iemand straften, ze hem van een plank af de zee in lieten lopen, waar hij werd opgegeten door haaien. Maar hij had dit verzonnen.

**ECHT SOS WAAR!**

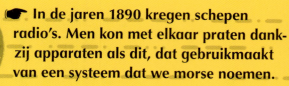

- In de jaren 1890 kregen schepen radio's. Men kon met elkaar praten dankzij apparaten als dit, dat gebruikmaakt van een systeem dat we morse noemen.

- Als een schip in nood was, was de morsecode SOS. Deze code werd in 1908 gekozen omdat hij handig te onthouden was. Het is een fabeltje dat SOS 'save our souls' betekent.

- Tijdens radiocontact gebruik je de term 'mayday' als je hulp nodig hebt. Het komt van het Franse *m'aidez*, dat 'help me' betekent.

## Cruisenieuws

➤➤ De Queen Mary II is het grootste passagiersschip ooit. Het weegt 136 miljoen kilo en heeft maar liefst 15 restaurants en 5 zwembaden.

➤➤ De Freedom of the Seas kan de meeste mensen herbergen – wel 5600: 4300 passagiers en 1300 bemanningsleden.

➤➤ In 2008 maakte de beroemde Queen Elizabeth II haar laatste reis. Het schip wordt nu omgebouwd en zal als hotel gebruikt worden voor de kust van Dubai.

➤➤ Toen de Titanic te water ging, was dit het grootste schip ooit. Het woog 42 miljoen kg, maar verging al tijdens de eerste reis toen het op 4 april 1912 op een ijsberg liep.

## Snelle boten

☞ Donald Campbell vestigde 7 snelheidsrecords te water. Hij kwam om in 1967, tijdens zijn 8ste poging.

☞ Het snelheidsrecord voor boten werd in 1978 verbeterd door Ken Warby op Blowering Dam in Australië: 510 km/uur.

➤➤ Veel supertankers zijn zo groot dat je de Eiffeltoren op het dek zou kunnen leggen.

➤➤ De grootste is de Knock Nevis. Leeg weegt hij 494 miljoen kg, gevuld met olie bijna 750 miljoen kg. Hij is ruim 450 meter lang.

## MENS EN WERELD

# Hoogvliegers

We hebben vaak geprobeerd de vogel na te doen, en uiteindelijk zijn we erin geslaagd.

### Luchtschepen
In de jaren 1930 staken luchtschepen gevuld met waterstof de oceaan over. Men stopte hiermee nadat het luchtschip Hindenburg in 1937 in brand was gevlogen. Nu wordt in plaats van waterstof het veilige helium gebruikt.

### Vroege vogels
➤➤ Bij de eerste pogingen om te vliegen bond de mens vleugels aan zijn armen. En fladderen maar …

➤➤ George Cayley bouwde in 1853 een glider die zijn arme butler moest uitproberen boven de Yorkshire Dales.

➤➤ De Duitse Otto Lilienthal was in de jaren 1890 de eerste die meerdere keren met een hanggliderachtig vliegtuig vloog. Hij stierf in 1896, toen een vleugel door een windvlaag afbrak.

➤➤ De Amerikanen Orville en Wilbur Wright maakten als eersten een door een motor aangedreven vlucht in 1903.

**ECHT LUCHTGEVECHT WAAR!**

☛ Tijdens de Eerste Wereldoorlog jaagden vliegeniers in de lucht op elkaar.

☛ Een van de bekendste vliegeniers was de Rode Baron, de Duitser Manfred von Richthofen. Hij heeft 80 vijandelijke vliegtuigen neergehaald en werd zelf in 1918 neergeschoten.

☛ 'Snoopy vs the Red Baron' is een spel voor de Playstation, waarin Snoopy het opneemt tegen Von Richthofen.

➤ De Concorde maakte zijn eerste vlucht in 1969. Hij ging sneller dan het geluid.

➤ De Concorde vloog ooit van New York naar Londen in 2 uur, 52 minuten en 59 seconden.

➤ De Harrier Jump Jet kan verticaal opstijgen en heeft geen landingsbaan nodig.

➤ Met de brandstof in een jumbojet kan een auto 4 keer rond de wereld rijden.

## Stealth-vliegtuigen

☛ Een Stealth-vliegtuig gebruikt technieken waardoor het minder snel door een radar gezien wordt: een bepaalde vorm kan radargolven weerkaatsen, matte verf kan ze absorberen.

☛ Het Stealth-vliegtuig Cormorant begint en eindigt zijn vluchten 50 meter onder water!

## Toekomstvluchten

✎ In maart 2004 haalde het experimentele NASA-vliegtuig Hyper X, aangedreven door een ramjet, een snelheid van 8000 km/uur – 7 keer sneller dan het geluid.

✎ Aangepaste ramjets, zogenoemde scramjets, kunnen misschien ooit passagiersvliegtuigen aandrijven, zodat je van Amsterdam naar Sydney kunt in slechts 90 minuten.

107

# MENS EN WERELD

# Sporen zoeken

Toen koetsen door paarden werden voortgetrokken, gingen het reizen maar langzaam. Met de trein ging alles prettiger en sneller.

## Vroege treinen

➤➤ Het eerste spoor ter wereld, de Diolkos, werd in 550 v.C. in Griekenland aangelegd. De wagons werden door slaven getrokken!

➤➤ De eerste geslaagde gemotoriseerde trein was de stoommachine van de Brit Trevithick uit 1804.

➤➤ De eerste dode door een trein was William Huskisson – op de dag dat de eerste passagierstrein reed, in 1830.

## ECHT TREIN WAAR!

☛ De Rocket van George Stephenson (onder) won in 1829 de eerste locomotiefrace in Engeland. Hij reed 48 km/uur op een spoor van 80 km.

☛ De oudste spoorlijn van Nederland is Amsterdam–Haarlem. Hij werd geopend op 20 september 1839.

☛ Op 10 mei 1869 lag er een spoor van de ene naar de andere kant van de VS. De twee spoorlijnen sloten op elkaar aan bij Promontory in Utah.

## Treinrecords

☛ Het snelheidsrecord voor stoomtreinen staat op naam van de Mallard, die in 1938 7 wagons trok met een snelheid van 201 km/uur.

☛ De langste trein ooit was 7,9 km lang en telde 660 wagons. Hij reed van Saldanha naar Sishen in Zuid-Afrika op 26 augustus 1989.

☛ De snelste trein ooit was de TGV van Courtalain naar Tours op 18 mei 1990. Hij haalde 515 km/uur.

☛ De Trans Siberië Express is een van de langste treintrajecten. De trein doet 7 dagen over de 9290 km lange reis van Moskou naar Wladiwostok in Oost-Siberië.

☛ 's Werelds snelste 'gewone' trein is de ultrasnelle Japanse Shinkansen. Hij rijdt de 192 km lange route Hiroshima–Kokura in slechts 44 minuten, met een gemiddelde snelheid van 262 km/uur.

Het metronetwerk van Londen is het oudste en grootste ter wereld. Het begon met de Metropolitan Railway op 10 januari 1863.

➤➤ De Japanse Shinkansen-trein (links) is zo gevormd dat hij zo min mogelijk weerstand heeft.

➤➤ Maglev-treinen of magneetzweeftreinen zweven eigenlijk 1 mm boven een baan.

## MENS EN WERELD

# Abnormale auto's

De auto gaf ons de vrijheid om te gaan waarnaar we maar wilden. Als we tenminste niet in de file staan ...

### De haarspeld van mevrouw Benz
Toen de Duitser Karl Benz de eerste benzinemotor had gebouwd in 1885, maakte zijn vrouw Bertha een ritje met haar zoons. Toen de motor afsloeg, kreeg ze hem met een haarspeld weer aan de praat.

Op de lange wegen door Australië rijden enorme trucks met heel veel opleggers, alsof het treinen zijn. De langste *road-train* had **79** opleggers.

### Bestsellers
☛ De eerste massaal geproduceerde auto was de Ford T in 1905. Er werden 15 miljoen verkocht.
☛ Het grootste succes is de VW Kever. Er zijn er al 22 miljoen verkocht.

### Snelste auto's
➸ Thrust SSC is de snelste auto op aarde. Het wereldsnelheidsrecord op land verbeterde hij op 15 oktober 1997: 1228 km/uur. Deze recordtijd werd gereden in de Black Rock Desert in Nevada (VS).

➸ Dat was de eerste keer dat een auto sneller reed dan het geluid.

## Raar maar waar

✎ De lichtste auto ooit was de Suminoe Flying Feather in 1954. Hij woog maar 452 kg.

✎ De DUKW uit 1942, ook wel Duck genoemd, was het populairste amfibievoertuig ooit. Een amfibievoertuig kun je op het land en in het water gebruiken.

## Dynasphere

Een van de raarste auto's ooit was de Purves Dynasphere, die eruitzag als een enorme band. De chauffeur zat in het midden.

## Snelste auto's op de weg

👉 De Bugatti Veyron (links) is de snelste 'gewone' auto, met een topsnelheid van 407 km/uur.

👉 De Barabus TKR is de snelste auto op de weg: 430 km/uur.

👉 De Saleen S7 Twin Turbo haalt 415 km/uur.

👉 Geen van deze auto's kost minder dan 265.000 euro. Zorg wel dat je geld overhoudt voor al die boetes voor te hard rijden!

# AARDE EN RUIMTE

Onze planeet lijkt soms behoorlijk extreem. In Arica in Chili regent het in een hele eeuw nog niet eens zoveel dat je er een kopje mee kunt vullen. Op de Mount Everest (8849 meter hoog) is de lucht te ijl voor ons. Maar dat is nog lang niet zo extreem als die storm die nu al 200 jaar op Jupiter woedt ...

Race naar space!

Wrede wereld!

Doodse woestijnen!

## AARDE EN RUIMTE

# Oneindige oceanen

De aarde noemen we wel de blauwe planeet, want driekwart van het oppervlak is bedekt met water.

### Kostbaar water
In de oceanen zwemt ongeveer 9 miljoen ton opgelost goud. Dat komt neer op zo'n 14.000 kg goud per kubieke kilometer zeewater. Helaas kost de winning van dit goud meer dan het oplevert.

**ECHT OCEAAN WAAR!**

☛ De langste bergketen op aarde is de Mid-Atlantische Rug van 74.000 km – dat is 4 keer de lengte van de Andes, de Rocky Mountains en de Himalaya bij elkaar.

☛ Als al het zout in de oceaan zou opdrogen, kon je alle land op aarde bedekken met een laag van meer dan 2 meter.

☛ Het diepste punt in de oceaan is de Challenger Deep in de Marianentrog in de Stille Zuidzee: ongeveer 11 km.

☛ De temperatuur in de oceaan ligt een paar graden boven het vriespunt.

☛ De getijdenstromen in de oceaan zijn levensgevaarlijk. Ze ontstaan als de zee begint te draaien doordat golven op verschillende manieren breken op verschillende soorten kust.

### Stomende zeeën
Onderzoek heeft uitgewezen dat de Atlantische Oceaan 84 tot 100 miljoen jaar geleden een warm bad was met temperaturen tussen de 33 en 42 °C.

In de oceanen is het een en al vulkanische activiteit. 90% van alle vulkanen ligt zelfs in de zee. De meeste actieve vulkanen vind je in de Stille Zuidzee: daar zijn meer dan 1100 actieve vulkanen.

's Werelds hoogste berg ligt eigenlijk in zee. Het is het vulkanische eiland Mauna Kai in Hawaii. Deze berg meet 10,2 km van de zeebodem tot aan de top.

## De diepzee

👉 Onder de Straat Denemarken stort een waterval zich meer dan 2,8 km naar beneden, meer dan 3 keer zo diep dus als de Angel-vallen in Venezuela, de grootste waterval op aarde.

👉 Jarenlang vroeg men zich af wat wezens op de zeebodem aten. Het raadsel was opgelost toen men snotachtige 'zinkers' ontdekte, die worden gemaakt door een soort kikkervisjes.

👉 Sommige insecten leven van de chemische stoffen die vulkanen in oceanen uitspuwen. De insecten leveren op hun beurt het voedsel voor andere diepzeewezens, zoals de doopvontschelp.

## De oceaan geeft licht

Als zeelui vertelden dat de zee 's nachts licht gaf, dacht men dat ze te veel hadden gedronken. Nu weten we echter dankzij satellietfoto's dat grote delen van de Indische Oceaan soms 2 of 3 nachten achter elkaar 'licht' geven. Men denkt dat dit komt door grote groepen lichtgevende bacteriën, waarvan het licht soms op de golven schijnt.

**AARDE EN RUIMTE**

# Doodse woestijnen

Er zijn plaatsen op aarde waar het amper regent. En het kan er bloedheet of juist ijskoud zijn.

**ECHT SAHARA WAAR!**

- 's Werelds grootste woestijn is de Sahara in Afrika. De Sahara is groter dan de nummers 2 tot en met 5 op de lijst van grootste woestijnen bij elkaar. De Sahara is ongeveer zo groot als heel Europa.

- Amper 10.000 jaar geleden waren delen van de Sahara groen. Op sommige plekken sneeuwde het zelfs.

- Er zijn echter ook delen van de Sahara waar het al meer dan 2 miljoen jaar bijna niet regent.

- Al die droogte heeft geleid tot een gebied met zandduinen van meer dan 300 meter hoog: de erg. Het hoogste zandduin op aarde ligt hier en is meer dan 500 meter hoog.

- De duinen 'lopen' door de woestijn als trage golven: zo'n 3 meter per jaar.

## Wat is een woestijn?

➡ Voor de woestijn bestaan verschillende definities, maar een echte woestijn is een gebied waar per jaar minder dan 200 mm regen valt.

➡ Woestijnen beslaan ongeveer een kwart van het aardoppervlak.

### Dauwdrinker
In de Australische woestijn leeft de bergduivel. Tussen zijn doornen vangt hij dauwdruppels op, die hij opdrinkt om te overleven.

## Helemaal opgedroogd

➤➤ De droogste plek op aarde is Arica in Chili, waar er in 1 eeuw amper genoeg regen valt om een theekopje te vullen. De jaarlijkse regenval is 1 mm.

➤➤ Hoewel er genoeg ijs is, is Antarctica eigenlijk de droogste plek op aarde, want al het water is er bevroren. Het is ook de winderigste plek – en natuurlijk de koudste!

De bloeiende struiken in de Mojavewoestijn, de creosootstruiken (boven), behoren tot de oudste levende dingen op aarde: ze bestaan al 12.000 jaar.

### Verdwaald in de mist

In de Namibwoestijn in Namibië, in Zuidwest-Afrika, regent het zelden, maar het is er wel vaak mistig. Die mist ontstaat door vochtige lucht van de Atlantische Oceaan.

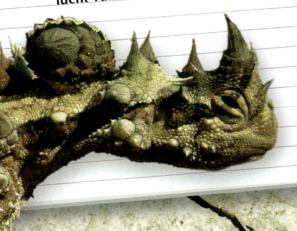

Aan de brandende hitte en het gebrek aan regen dankt Death Valley in Arizona zijn naam. Op 10 juli 1913 was het er 74 °C – heter dan het ooit ergens op aarde was!

117

## AARDE EN RUIMTE

# Bergen

Als het aardoppervlak schuift en kreukt, worden hoge bergen verder de lucht in geduwd.

Meer dan 100 mensen hebben de 7 hoogste bergen van alle continenten beklommen, waaronder de hoogste en moeilijkste van allemaal: de Mount Everest (boven).

**ECHT EVEREST WAAR!**

- De hoogste berg op aarde is de Mount Everest in Nepal.

- De hoogte van bergen werd gemeten vanaf de grond met een waterpas en een apparaatje om hoeken te meten. Nu gebeurt dat veel preciezer met satellieten. Na meting door een satelliet 'groeide' de Mount Everest van 8848,04 meter naar 8849,87 meter.

- Van 1922 tot en met 2006 hebben 2972 klimmers de top bereikt – 207 zijn er omgekomen tijdens hun poging.

- Op 5 mei 1973 werd de 16-jarige Nepalese jongen Shambu Tamang de jongste die ooit de Everest heeft beklommen.

- Het eerste echtpaar dat de top bereikte was Andrej en Mariga Stremfelj uit Slovenië, op 7 oktober 1990.

Als je klimt, daalt de temperatuur 1 °C met elke 100 meter die je stijgt. De lucht is er ijler en dus hebben klimmers soms zuurstofmaskers nodig.

## Kamer met uitzicht

☛ Het Japanse hotel Everest View ligt op 3895 meter hoogte en is het hoogst gelegen hotel ter wereld. De gasten komen aan op een landingsbaan in de Himalaya en worden per jak naar hun luxe hotel gebracht.

☛ Omdat de lucht er zo ijl is, pompt het hotel extra zuurstof in de kamers, zodat de gasten geen last van hoogteziekte krijgen.

Regen en sneeuw op de bergen zorgen voor de helft van het verse water op aarde. Alle grote rivieren worden door de bergen gevoed.

## Steengoed

➤➤ De rotsen in de bergen zijn niet altijd keihard. Het materiaal stroomt als dikke blubber, alleen nog veel en veel langzamer. Bergketens als de Himalaya vloeien uit en worden langs de randen steeds vlakker.

➤➤ Alle bergketens worden steeds vlakker. Bergen ontstaan als de aardkorst beweegt, schuift en kreukt en de vlakke delen omhooggeduwd worden.

➤➤ Hoge bergketens zijn geologisch jong en worden later vlakker. De Himalaya is 25 miljoen jaar oud – vergeleken bij de rest nog jong.

➤➤ De centrale pieken in de Andes en de Himalaya groeien per jaar ongeveer 1,2 cm.

## De allerhoogste

✎ **Hoogste berg in Afrika**
Kilimanjaro, Tanzania: 5963 meter

✎ **Hoogste berg op Antarctica**
Vinsonmassief: 5140 meter

✎ **Hoogste berg in Azië**
Mount Everest, Nepal: 8849,87 meter

✎ **Hoogste berg in Australië**
Kosciuszko: 2228 meter

✎ **Hoogste berg in Europa**
Elbroes, Rusland (Kaukasus): 5633 meter

✎ **Hoogste berg in West-Europa**
Mont Blanc, Frankrijk/Italië: 4807 meter

✎ **Hoogste berg in Noord-Amerika**
McKinley (Denali), Alaska: 6194 meter

✎ **Hoogste berg in Zuid-Amerika**
Aconcagua, Argentinië: 6967 meter

## AARDE EN RUIMTE

# Razende rivieren

Water dat als regen op de grond valt, wordt door rivieren opgeslurpt, die het naar de zeeën brengen.

**ECHT AMAZONE WAAR!**

☛ Uit de Amazone komt ongeveer een vijfde van al het water dat door rivieren naar de zee wordt gebracht.

☛ Een stromende Amazone zou het grootste stadion op aarde in 13 tellen gevuld hebben.

☛ Veel zijrivieren van de Amazone zijn zelf ook grote rivieren. 17 ervan zijn meer dan 1600 km lang!

De langste rivier op aarde is de Nijl in Afrika: hij is 6650 km lang. Als je hem helemaal recht kon trekken, zou hij ongeveer een derde van de afstand van de Noord- naar de Zuidpool beslaan.

### Rivierfeiten

✎ Volgens de meeste berekeningen is de Amazone de tweede rivier op aarde met zijn 6448 km. De derde rivier is de Jangtsekiang in China met 6211 km.

✎ De modderigste rivier is de Gele Rivier in China. Elk jaar spoelt er 2 miljard ton gele modder door.

✎ De langste zijrivier is de Madeira (ongeveer 3380 km), die in de Amazone stroomt.

✎ De plek waar het zoete water van de rivier met het zoute water van de zee wordt gemengd heet het estuarium. Het grootste heeft de Ob in Rusland: ruim 80 km breed en 885 km lang.

## Watervallen

➤➤ Bij de Victoriawaterval in Zimbabwe stroomt het water over een klip van 1060 meter breed en 106 meter hoog. Het geraas hoor je 40 km verderop!

➤➤ 's Werelds hoogste watervallen zijn de Angelvallen (Salto Angel) in Venezuela: 978 meter.

## Iguazuwaterval

Soms stort er meer dan 5,3 miljoen liter water per seconde over de 275 takken van de Iguazawaterval in Brazilië. Hiermee staat hij op de tweede plek, na de Victoriawaterval.

Meer dan de helft van de 500 langste rivieren is ernstig vervuild en veel rivieren worden verstoord door dammen als deze Hooverdam in de VS, die een bedreiging voor de vis vormt.

## Water op aarde

☞ Er is zo'n 554 miljoen kubieke kilometer (km³) water op aarde.

☞ 507 miljoen km³ daarvan is zeewater.

☞ 14,5 miljoen km³ zit als grondwater diep in de aarde.

☞ 11,3 miljoen km³ water is bevroren in ijskappen.

☞ 85.300 km³ water zit in meren en beken.

☞ 6.400 km³ water zit als vocht in de lucht.

☞ 5.470 km³ water zit in de lichamen van levende wezens.

## AARDE EN RUIMTE

# Wrede wereld

De grond mag dan stevig aanvoelen, maar het is maar een dun korstje dat op de vloeibare kern drijft ...

## Schuddebuikjes

✏️ De meeste aardbevingen duren minder dan 1 minuut. De langste was op 21 maart 1964: die duurde 4 minuten.

✏️ Elk jaar worden er 500.000 bevingen geregistreerd.

✏️ China heeft een manier bedacht om bevingen te voorspellen, gebaseerd op het gedrag van slangen. Vlak voor een beving verlaten zij hun nest – zelfs in de winter.

Grote aardbevingen die voor schade zorgen, zoals op deze foto, worden veroorzaakt door bewegingen in de tektonische platen. Dat zijn de ongeveer 20 stukken rots die samen het aardoppervlak vormen.

Tektonische platen verschuiven 3 tot 4 cm per jaar. Bij een flinke aardbeving kan dat wel 1 meter zijn. Soms wijken ze juist uit elkaar en ontstaan er scheuren (foto).

🖎 Na een grote aardbeving maakt de aarde een heel laag, rinkelend geluid.

🖎 De dodelijkste beving was in 1557 in China. Toen kwamen er meer dan 800.000 mensen om het leven.

🖎 Door een aardbeving in 1811 stroomde het water van de Mississippi stroomopwaarts.

## Feiten over lava

☛ De temperatuur van lava is afhankelijk van de chemische samenstelling. Lava op Hawaii (basalt) is meestal 1100 °C.

☛ Lavafonteinen kunnen lava wel 600 meter de hoogte in spuiten. De lava wordt omhoog geduwd door het gas dat in de lava opgelost zit.

**ECHT VULKAAN WAAR!**

☛ De meeste vulkanen vind je in de buurt van scheuren in de tektonische platen.

☛ De uitbarsting van de berg Tambora op Java in 1815 veroorzaakte zo veel as in de lucht dat de zon werd geblokkeerd en de hele aarde twee koele zomers kende.

☛ De uitbarsting van het vulkanische eiland Krakatau bij Java in 1883 werd in een kwart van de hele wereld gehoord!

☛ Een van de grootste uitbarstingen ooit vond plaats in Yellowstone: 2,2 miljoen jaar geleden. Er kwam zoveel magma vrij dat je de grootste vulkaan op aarde er 6 keer van had kunnen kleien.

☛ Er zijn zo'n 1510 actieve vulkanen op aarde.

☛ Cuexcomate in Mexico (13 meter) is de kleinste vulkaan op aarde.

## AARDE EN RUIMTE

# Ronde rotsen

Mercurius, Venus en Mars hebben een rotsachtige korst, net als de aarde.

### Mooie Venus

☛ Met haar gele wolken ziet Venus er mooi uit. Ze is dan ook genoemd naar de Romeinse godin van de liefde. Maar die prachtige wolken zijn van giftig zwavelzuur!

☛ Venus is de heetste planeet in ons zonnestelsel: de oppervlaktetemperatuur bedraagt er 470 °C.

### Meer over Venus

✏ De atmosfeer is er zo dicht dat de druk er 90 keer groter is dan op aarde – genoeg om een auto plat te drukken.

✏ Venus draait heel langzaam. Ze heeft 225 dagen nodig voor haar reis om de zon, maar wel 243 dagen om rond haar as te draaien. Een dag op Venus duurt dus langer dan een jaar!

✏ Anders dan de andere planeten draait Venus met de klok mee om haar as. De zon komt er dus op in het westen! Wetenschappers weten nog niet waarom.

✏ De wolken weerkaatsen het zonlicht en lichten op. Vroeger dacht een astronoom dat er vuur op Venus brandde om de kroning van de nieuwe keizer te vieren.

De wolken van Venus zijn vele kilometers dik. De foto links toont de wolken aan de buitenkant, de foto rechts die enkele kilometers eronder.

## Curieuze Mercurius

👉 Je zou op Mars kunnen skiën – er zijn immers ijskappen. Maar neem wel een speciaal pak mee, want dat ijs is van pure koolstofdioxide.

👉 Mercurius staat zo dicht bij de zon dat hij in 88 dagen om de zon draait. Hij draait echter heel langzaam om zijn as: in 58 aardse dagen. 1 jaar op Mercurius duurt dus 2 dagen. Dat betekent dat je er om de dag jarig zou zijn...

👉 De oude Romeinen noemden de planeet naar de snelle boodschapper van de goden in hun mythes.

## Mars, de rode planeet

👉 Mars (links) is genoemd naar de Romeinse god van de oorlog, omdat hij een bloedrode kleur heeft.

👉 Omdat er geen zeeën op Mars zijn, is het land op de planeet ongeveer net zo groot als al onze continenten bij elkaar. Als je alle bergen, dalen en vlaktes van Mars wilt bestuderen, ben je dus niet zomaar klaar.

👉 Het langste ravijn van ons zonnestelsel is de Valles Marineris op Mars. Hij is wel 5000 km lang: dat is meer dan heen en terug van Amsterdam naar Moskou.

⇒ Mars kent de grootste stofstormen van ons zonnestelsel. Soms bedekken ze de hele planeet (rechts).

⇒ Mars heeft ijskappen op de polen, van zowel ijs als droogijs (koolstofdioxide in vaste vorm).

# AARDE EN RUIMTE

## Reuzen van gas

**Vier planeten ver van de zon zijn gigantische ballen van gas.**

### ECHT JUPITER WAAR!

☛ Jupiter is verreweg de grootste planeet in ons zonnestelsel.

☛ Jupiter draait razendsnel om zijn as: in minder dan 10 uur, terwijl de aarde er 24 uur voor nodig heeft. Omdat de planeet een omtrek van 450.000 km heeft, zoeft het oppervlak met 48.000 km/uur voorbij. Hou je vast!

☛ Jupiter is zo groot dat hij door zijn eigen druk samengeperst wordt, waardoor hij zelfs gloeit.

☛ De grote rode vlek is een gigantische storm die er al 200 jaar woedt.

### Enorme planeten

✎ Onder de dunne atmosfeer van Jupiter is misschien wel een 25.000 km diepe oceaan! Daar kan de aarde in verdrinken ...

✎ Doordat Jupiter bijna helemaal vloeibaar is en hij erg snel ronddraait, is hij in het midden een stuk boller.

✎ Alle vier de gasreuzen – Jupiter, Saturnus, Neptunus en Uranus – hebben waarschijnlijk een harde kern van rots of metaal.

✎ Uranus en Neptunus noemen we ook wel ijsreuzen. Ze staan zo ver van de zon dat ze vanbinnen bijna helemaal bevroren zijn.

## IJzige Uranus en Neptunus

👉 Uranus (links) en Neptunus (onder) staan ver van de zon. De temperatuur aan de oppervlakte is er -210 °C!

👉 Uranus en Neptunus zijn beide blauw door het blauwe gas methaan in de atmosfeer.

👉 's Zomers op Uranus gaat de zon 20 jaar lang niet onder!

👉 En in de winter is het 20 jaar lang donker op Uranus.

👉 Neptunus heeft de hardste winden van alle planeten is ons zonnestelsel. Er komen windvlagen voor van ruim 2000 km/uur voor.

## Gestroomlijnde Saturnus

👉 Saturnus is zo licht dat hij in de badkuip kan blijven drijven – maar waar vind je zo'n groot bad?

👉 Saturnus heeft meerdere ringen, waarvan sommige wel 74.000 km van de planeet af staan. De ringen zijn maar 1 km dik en bestaan uit steentjes en stukjes ijs.

👉 Hoewel ze vrij dun zijn, zijn de ringen van Saturnus wel erg breed. Als je al het stof erin zou verzamelen, zou je een weg kunnen aanleggen van wel 195 km lang. Astronomen denken dat dat gruis een overblijfsel is van een maan die is vernietigd door een komeet of asteroïde.

👉 Saturnus is erg heet vanbinnen: wel 12.200 °C. Hij geeft meer warmte aan de ruimte af dan hij zelf van de zon ontvangt.

### AARDE EN RUIMTE

# Magnifieke manen

Grote rotsblokken zoeven rond de meeste planeten – niet alleen rond die van ons.

**ECHT MAAN WAAR!**

☞ Onze maan is het grootste en helderste object aan de nachtelijke hemel. Toch geeft hij zelf geen licht. Het is een koude ronde steen en hij reflecteert slechts het licht van de zon.

☞ Op de maan zitten grote, donkere vlekken, waarvan ze dachten dat het zeeën waren. Ze zijn allemaal *mare* genoemd, het Latijnse woord voor 'zee'. Nu weten we dat het enorme droge vlaktes zijn, die zijn ontstaan door de lava van vulkanen die lang geleden zijn uitgebarsten.

☞ De zwaartekracht op de maan is 17% van die op aarde. Een mens op de maan weegt daardoor evenveel als een peuter hier.

☞ De maan cirkelt in 27,3 dagen om de aarde, maar de tijd tussen twee volle manen bedraagt 29,53 dagen, doordat de aarde zelf ook beweegt. Een maanmaand is 29,53 dagen.

☞ Het woord 'maand' komt van het woord 'maan'.

➢ Een 'blauwe maandag' duurt maar heel kort. Als het 2 keer binnen 1 maand volle maan is, noemen we dat een 'blauwe maan'. Dit gebeurt ongeveer eens per 33 maanden.

➢ Soms lijkt de maan blauw door rook in onze atmosfeer.

Onze maan heeft geen atmosfeer en wind. Het stof op het oppervlak beweegt nooit. De voetafdrukken van de bemanning van de Apollo in 1969 kun je er dus nog steeds vinden!

## Meer manen

- We kennen in ons zonnestelsel meer dan 150 manen.
- Alle planeten behalve Venus en Mercurius hebben manen of satellieten. Jupiter heeft er 63.
- Iapetus, een maan van Saturnus, is wit aan de ene en zwart aan de andere kant.
- De meeste manen van Uranus hebben meisjesnamen, maar echt schattig zijn ze niet. Miranda is de lelijkste van allemaal: ze heeft miljoenen jaren geleden een flinke knal gehad.

Mars heeft twee kleine maantjes: Phobos (boven) en Deimos. Ze zijn genoemd naar de paarden van de oorlogsgod Ares, de Griekse tegenhanger van de Romeinse Mars.

## AARDE EN RUIMTE

# Schitterende sterren

De sterren aan de hemel zijn lichtgevende ballen, net als onze zon.

➤ Op de zon zitten donkere vlekken: zonnevlekken. Ze lijken donker, maar zijn alleen maar iets minder heet.

➤ Elke centimeter van de zon schijnt zo helder als 100.000 kaarsen bij elkaar.

De helderste ster 's nachts is Sirius, of de Hondsster. Zijn kleine broer Sirius B is een witte dwerg. Sirius is zo helder doordat hij relatief dicht bij de aarde staat.

ECHT STER WAAR!

☛ Zwarte dwergen zijn heel kleine, koude, dode sterren.

☛ Rode reuzen zijn oude sterren die afkoelen van wit naar rood; ze zwellen op naarmate hun brandstof op raakt. De grote sterren blijven opzwellen tot het superreuzen zijn: sterren met een massa van meer dan 1,4 keer die van de zon.

☛ Kleine sterren schijnen 200 miljard jaar zachtjes; middelgrote sterren leven ongeveer 10 miljard jaar; grote sterren schijnen maar 10 miljoen jaar heel fel.

☛ De kern van een ster is wel 16.000.000 °C. Een zandkorreltje van die temperatuur zou iemand op 150 km afstand nog doden.

☛ De grootste sterren zijn 100 keer groter dan de zon en 1000 keer helderder.

## Onder de zon

☛ De zon staat 150 miljoen km van de aarde. Hij lijkt voor ons even groot als de maan, maar is in feite 400 keer groter.

☛ De temperatuur aan de oppervlakte van de zon is 6058 °C.

☛ De hitte van de kern van de zon spat geregeld van het oppervlak en vormt dan vlamachtige tongen. Kijk maar eens naar de foto hieronder.

## Gewoon een ster

✏️ De zon is een ster, net als de sterren die we 's nachts zien. Hij is middelgroot en is halverwege zijn levensduur van 10 miljard jaar. Toch is hij relatief dichtbij: op slechts 150 miljoen km. De andere sterren zijn miljarden kilometers van ons verwijderd.

✏️ Net als de aarde heeft de zon een kern, waar het het allerheetst is. De hitte doet er 10 miljoen jaar over om het oppervlak te bereiken. De hitte maakt van het oppervlak een brandende hel, die zo fel brandt dat onze aarde er overdag door verlicht wordt.

✏️ De zon is 100 keer zo groot als de aarde.

➤➤ Cygnus OB2 nummer 12 is de grootste ster die we kennen. Hij is zo fel als 810.000 zonnen samen.

➤➤ De kleinste schijnende ster is nog altijd 100 keer groter dan Jupiter.

## AARDE EN RUIMTE

# Ruimteafval

Er vliegen miljarden stukken steen en ijs door ons zonnestelsel.

### Meteoroïden en meteorieten

☞ Meteoroïden zijn stukken steen en ijzer die zijn losgeraakt van grotere asteroïden en kometen.

☞ Veel meteoroïden botsen met de aarde, maar doordat ze in onze atmosfeer verkruimeld raken, merken wij daar niets van.

☞ Soms zijn er stukken die groot genoeg zijn om de aarde toch te bereiken. We noemen ze meteorieten.

☞ Om de 50 miljoen jaar botst de aarde met een stuk steen met een doorsnee van 9 km.

De asteroïde Ida is ongeveer zo groot als de stad New York en heeft zelfs een eigen maan. De kraters vertellen ons dat ze relatief oud is.

➤ De meeste meteorieten zijn kleiner dan je vuist en vallen amper op. Maar sommige zijn heel veel groter.

➤ Grote meteorieten kunnen chaos veroorzaken als ze de grond raken. Ze maken enorme inslagkraters en verwoesten allerlei vormen van leven.

Kometen zien er misschien wel mooi uit, maar zijn in feite grote ballen smerig ijs van een paar kilometer doorsnee. Toch kunnen ze bij een botsing meteorieten verwoesten. Als ze de aarde zouden raken, zou het klimaat hier erg veranderen.

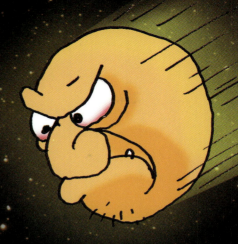

## Vallende sterren

✎ Als meteoroïden opbranden, zie je een fel gloeiende staart aan de donkere hemel. Zo komt de meteoor aan de naam 'vallende ster'.

✎ Af en toe botst de aarde met een flinke groep meteoroïden, waardoor er een regen van vallende sterren ontstaat.

**ECHT KOMEET WAAR!**

☛ Meestal zijn kometen ver van de zon, maar soms komen ze er een stuk dichterbij. Het ijs smelt dan, waardoor er een miljoenen kilometers lange staart van stof en gas ontstaat.

☛ De komeet met de langste staart tot nu toe was Hyakutake. Zijn staart was waarschijnlijk meer dan 570 miljoen km lang!

☛ Het woord komeet komt van het Griekse woord voor 'haar', vanwege de lange staart.

☛ De grootste botsing die ooit is waargenomen was tussen de komeet Shoemaker-Levy 9 en Jupiter in juli 1994.

☛ De komeet Hyakutake geeft per seconde 9000 liter water af als hij langs de zon komt.

☛ De komeet Halley kun je elke 76 jaar vanaf de aarde zien. Zijn verschijning is vaak ten onrechte in verband gebracht met diverse dramatische gebeurtenissen. Hij passeerde de aarde in 1986.

## AARDE EN RUIMTE

# Race naar space

In de jaren 1950 deden de VS en de Sovjet-Unie volop mee aan de 'spacerace'.

Zonder zwaartekracht kun je met een gewone pen niet schrijven in de ruimte. De Amerikaanse luchtvaartorganisatie NASA kocht daarom speciale pennen voor hun astronauten. De Russen hadden een veel simpeler oplossing: hun kosmonauten gebruikten gewoon een potlood.

➤➤ De eerste mens die een baan om de aarde maakte, was de Rus Joeri Gagarin (links) in april 1961.

➤➤ Hij kwam 7 jaar later bij een ongeluk met een straaljager om het leven.

## Gewichtloos wonder

✏ Naar de wc gaan in de ruimte, waar alles gewichtloos is, is een probleempje. De poep moet weggezogen en gevriesdroogd worden. Daarna wordt hij verpakt en opgeborgen om te voorkomen dat hij door het ruimteschip gaat zweven.

✏ Astronauten hoeven niet in bedden te slapen. Ze zweven en zitten vast met een paar bandjes.

134

## Shuttlediensten

👉 De raketmotoren op de spaceshuttle verbranden 4500 liter brandstof per seconde.

👉 De grootste motor van de shuttle levert bijna 40 keer zoveel energie als die van een trein, maar weegt slechts een zevende ervan.

👉 Op het lanceerplatform zijn de shuttle en de motor samen 58 meter hoog – dat is 12 meter hoger dan het Vrijheidsbeeld.

👉 Om in een baan om de aarde te blijven moet de shuttle meer dan 30.000 km/uur afleggen.

👉 De shuttle heeft maar 8 minuten nodig om van de aarde op te stijgen en zijn gewenste snelheid te bereiken.

## Dieren in de ruimte

✏️ Het eerste levende dier in de ruimte was de hond Laika (boven), die met de Russische Sputnik 2 omhoogging in 1957. De hond overleefde de reis niet.

✏️ Wetenschappers ontdekten dat als een kikker in de ruimte braakt, hij niet alleen de inhoud van zijn maag, maar ook de maag zelf naar buiten gooit. Als de maag buiten zijn lijf hangt, leegt de kikker hem en slikt hij hem weer in.

**ECHT RUIMTEPAK WAAR!**

👉 Astronauten hebben een speciaal pak aan als ze buiten het ruimteschip moeten zijn.

👉 Zonder ruimtepak zou hun bloed gaan koken in de open ruimte. De middelste laag van het pak wordt opgeblazen en drukt als een ballon tegen het lichaam.

👉 Een duurzaam pak van de NASA kost wel 22 miljoen dollar! Nu dragen astronauten vaak goedkopere pakken van maar 1,8 miljoen dollar, die na 461 uur in de ruimte versleten zijn.

👉 Astronauten zijn in de ruimte iets langer. Er is minder zwaartekracht, dus worden hun botten minder in elkaar gedrukt. Hier moeten ze natuurlijk wel rekening mee houden wanneer ze de pakken voor de reis gaan uitzoeken!

## AARDE EN RUIMTE

# Het gigantische heelal

Ons zonnestelsel is slechts een van de miljarden in het steeds groter wordende universum.

## Steeds maar groter

✏️ Het universum is het hele heelal met alles erin. Het universum telt meer dan 100 miljard zonnestelsels (groepen sterren), die elk 100 miljard sterren als de zon bevatten.

✏️ De verste zonnestelsels van de aarde bewegen zich bijna zo snel als het licht.

✏️ Wetenschappers denken nu dat het heelal 13,7 miljard jaar geleden uit niets is ontstaan. Sindsdien zet het in een razend tempo uit. Dit noemen we de oerknaltheorie.

Met het blote oog kun je voorbij de Melkweg nog 3 zonnestelsels zien: Andromeda (boven) op 2,5 miljoen lichtjaren afstand, en de Grote en de Kleine Magelhaense Wolk.

**ECHT MELKWEG WAAR!**

👉 De oude Grieken noemden onze zonnestelsel de Melkweg, omdat het een lichte band door de nachtelijke hemel vormt. Het is net de melk uit de borsten van de Griekse godin Hera.

👉 De Melkweg telt 400 tot 500 miljard sterren. Hij is 100.000 lichtjaren breed en 1000 lichtjaren dik, maar heeft in het midden een bobbel van 3000 lichtjaren: daar zitten alleen erg oude sterren en weinig stof of gas.

👉 De Melkweg draait snel rond: onze zon en alle andere sterren leggen 900.000 km/uur af.

👉 In dat tempo heeft ons zonnestelsel 250.000 jaar nodig om 1 keer rond de Melkweg te reizen.

👉 De gemiddelde afstand tussen sterren in de spiraalvormige armen van de Melkweg is zo'n 7 lichtjaren – dat is ongeveer 443.000 keer de afstand tussen de aarde en de zon.

Spiraalvormige zonnestelsels kunnen rond een zwart gat draaien, dat sterren opzuigt. Zo'n zonnestelsel ziet er gefragmenteerd uit, zoals dit.

## Broodje ster

De sterren in spiraalvormige zonnestelsels zijn net enorme spiegeleieren. Maar de spiraalvormige zonnestelsels zelf hebben eerder de vorm van een hamburger. De broodjes bestaan uit onzichtbare 'donkere materie'. De sterren zijn het beleg.

➻ Zonnestelsels vind je vaak in groepen, zogenoemde clusters, van soms wel 1000.

➻ Als je 3 zandkorrels in een stadion neerlegt, is het daar voller dan in een zonnestelsel met sterren.

## Zwart gat

In het midden van de meeste zonnestelsels zit een zwart gat, zoals dit hier. De aantrekkingskracht is er zo gigantisch, dat er zelfs licht in verdwijnt.

137

## ABSURDE NATUUR

# Rare regen

We weten allemaal dat er regen uit de hemel kan vallen, maar wat nu als het kikkers regent?

☞ Regendruppels hebben eerder de vorm van een balletje dan van een traan. De grootste regendruppels hebben de vorm van een donut.

☞ De regen dankt zijn geur aan de sporen in de grond waarop de regen valt.

☞ De meeste regen op aarde valt in de zee. Ongeveer twee derde van de regen die op het land valt, valt in de tropen.

In 1976 viel er in de Big Thompson Canyon in Colorado 25 cm regen in 4 uur. Er stroomde toen 40 miljard liter water door het ravijn.

In Bournemouth, in Engeland, werd in 1948 een groepje golfers verrast door een bui van haring. De vissen kwamen uit de heldere hemel naar beneden.

## Vreemde regen

✏ In 1873 werd de Amerikaanse staat Missouri bedolven onder de kikkers die tijdens een storm uit de lucht vielen.

✏ Een Koreaanse visser ging bij de Falklandeilanden knock-out door een bevroren inktvis die uit de lucht viel.

➨ De grootste wolken ter wereld zijn donderwolken of cumulonimbussen. Ze zijn soms meer dan 19 km hoog en kunnen 450 miljoen liter water bevatten.

➨ De hoogste wolken, cirri, zijn zo hoog dat ze van ijskristallen zijn.

## Stortbuien

☛ De natste plek op aarde is meestal Tutunendo in Colombia, waar elk jaar 11,6 meter regen valt – in Nederland maximaal 90 cm! In Cherrapunji in India is het in sommige jaren nóg natter.

☛ 's Werelds meest regenachtige plaats in Mount Wai'ale'ale op Hawaii, waar het 360 dagen per jaar regent.

☛ In 1952 viel er op 1 dag 180 cm regen op het eiland Réunion in de Indische Oceaan.

☛ Op 22 juni 1847 viel er in 42 minuten 30 cm regen in Holt, Missouri.

☛ In 1 minuut viel er bijna 4 cm regen op Guadeloupe.

☛ In 1903 zorgde een wolkbreuk voor een 6 meter hoge muur van regen in het stadje Heppner in Oregon.

☛ In de regel valt in Nederland de regen in de zomer met grotere hoeveelheden dan in de winter.

In juli 2001 viel er rode regen in Kerala in India. Eerst dacht men dat een meteoor verantwoordelijk was voor de vreemd gekleurde regen, maar later bleek dat het water vol sporen van schimmels zat.

141

## ABSURDE NATUUR

# Harde wind

Het kan op aarde soms behoorlijk winderig zijn. Zorg dat je niet wegwaait!

De hardste windvlaag is ooit geregistreerd door dit weerstation op Mount Washington in New Hampshire (VS). Op 12 april 1934 haalde de wind er een snelheid van 371 km/uur.

**ECHT WIND WAAR!**

☛ Op de aarde waait het doordat het op sommige plekken warmer is dan op andere. Warme lucht stijgt op en de koude lucht kruipt daaronder. Die verplaatsing van de lucht is dus wind.

☛ Aan de kust waait het bijna altijd. Een van de redenen hiervoor is dat land sneller opwarmt en afkoelt dan zeewater. Als het land overdag opwarmt, stijgt de warme lucht en wordt er koudere lucht van zee aangetrokken. 's Nachts koelt het aan land af en waait de wind in de andere richting.

☛ In het westen van Australië noemen ze de koele zeewind de 'Fremantle Doctor', omdat die ervoor zorgt dat iedereen zich 's zomers beter voelt.

☛ Golfbanen aan de Engelse kust zijn speciaal bedoeld voor wedstrijden in de wind.

## Winderige plaatsen

✎ De gemiddelde windsnelheid op George V-eiland in Antarctica is het hoogst van de hele wereld: het waait er vaak meer dan 300 km/uur.

✎ Hoewel ze Chicago de 'Windy City' noemen, waait het in Dodge City in Kansas eigenlijk veel meer.

➤➤ 'Tornado Alley' in Kansas beleeft meer dan 1000 tornado's per jaar.

➤➤ In Engeland zijn de meeste tornado's per vierkante kilometer, maar gelukkig zijn het maar kleintjes.

➤➤ Enorme zandstormen die *haboobs* genoemd worden, doen vaak steden in Sudan aan. Een stofwolk van een haboob kan 900 m hoog zijn en 145 km breed.

➤➤ In Australië zie je in de *bush* vaak ronddraaiende stofwolken, die ze *willywilly's* noemen.

## Teisterende tornado's

👉 Wetenschappers noemen een tornado met windsnelheden van meer dan 418 km/uur een F5.

👉 Een F5 kan een huis of een bus honderden meters meeslepen.

👉 In 1879 verwoestte een tornado in Kansas een ijzeren brug en slurpte al het water uit de rivier op.

👉 In 1955 werden de 9-jarige Sharon Weron en haar pony 300 meter door de lucht geslingerd door een tornado. Ze bleven allebei ongedeerd!

👉 In 1990 tilde een tornado in Kansas een trein met 88 wagons van het spoor. De trein werd later in grote stukken teruggevonden.

👉 Tornado's kunnen kippen zelfs kaalplukken!

## ABSURDE NATUUR

# Orkanen met oerkrachten

Orkanen zijn de meest verwoestende stormen die er bestaan. Ze ontstaan in de tropen en gaan gepaard met harde wind en regen.

Elke orkaan krijgt een naam van een lijst die elk jaar door een wereldwijde meteorologische organisatie wordt gepubliceerd. De namen staan op alfabet, dus de eerste orkaan van het jaar kan bijvoorbeeld Andrew zijn. Er is een lijst voor orkanen rond de Atlantische en een voor de Stille Oceaan.

**ECHT ORKAAN WAAR!**

☛ Orkanen wekken elke seconde evenveel energie op als een kleine atoombom.

☛ Orkanen bewegen van oost naar west over de oceaan. Ze veroorzaken slagregens en windvlagen van wel 360 km/uur.

☛ De gemiddelde levensduur van een orkaan is 9 dagen. Als ze dichter bij de polen en de koelere lucht komen, sterven ze.

☛ Orkanen veroorzaken grote schade, met name tijdens hun eerste 12 uur boven land.

☛ In het midden is het stil: dat is het oog van de orkaan.

## Verwoestende stormen

☞ In 1970 werd Bangladesh geteisterd door de dodelijkste orkaan ooit. Er volgden overstromingen die aan 250.000 mensen het leven kostte.

☞ Katrina (New Orleans, VS, september 2005) veroorzaakte voor 200 miljard dollar aan schade. Miljoenen moesten hun huis verlaten.

☞ Veel van de schade door Katrina ontstond toen de dijken bij New Orleans doorbraken en het land overstroomde.

☞ In Nederland is er heel af en toe een lichte orkaan. De laatste was in 1944, toen de wind gemiddeld 122 km/uur haalde.

Een vloedgolf is een enorme golf die onder andere door een orkaan kan ontstaan. In 1899 veroorzaakte een orkaan in Bathurst Bay, Australië, een vloedgolf van ruim 43 meter, de hoogste ooit geregistreerd.

## Een boze god

Het Engelse woord *hurricane* komt van de Maya's uit Midden-Amerika, die Huracan aanbaden, de god van sterke winden en kwade geesten.

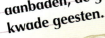

## Orkaankracht

☞ Orkanen kunnen het hele jaar door plaatsvinden, maar het officiële orkaanseizoen rond de Atlantische Oceaan is van 1 juli tot en met 30 november.

☞ Gemiddeld zijn er per jaar 6 tot 8 orkanen.

☞ Het record staat op 12 orkanen in 1 jaar; dat was in 1969.

☞ Orkanen heten ook wel cyclonen, tyfoons, windhozen, wervelstormen ... Het Latijnse woord is *turbo*!

## ABSURDE NATUUR

# Overstromingen

Als een rivier buiten zijn oevers treedt of de zeespiegel stijgt, kan dat een ramp zijn voor de mensen die daar wonen.

➤➤ Steden kunnen verwoest worden als ze blank komen te staan door het stijgende rivierwater. De sluizen in de Theems (foto) beschermen Londen tegen het gevaarlijke getij.

➤➤ Grote delen van Praag stonden compleet blank in 2002 toen de Moldau buiten zijn oevers trad.

## Aziatische overstromingen

☛ Overstromingen hebben altijd grote gevolgen. De moesson in India doodt elk jaar meer dan 1000 mensen, maar als er geen regen valt, sterven er miljoenen. In de Bengalen viel er in 1770 geen regen, waardoor er 10 miljoen van de honger stierven.

☛ Bangladesh heeft geregeld te maken met overstromingen, doordat het op de delta van de Ganges, de Brahmaputra en de Meghna ligt. Veel van dit water komt uit de Himalaya, en dus is regen daar cruciaal voor de overstromingen in Bangladesh.

## Opwarming van de aarde

✎ Na de laatste ijstijd steeg de zeespiegel 130 meter, onder meer doordat het ijs smolt.

✎ Door het broeikaseffect stijgt ook nu de zeespiegel. Complete eilanden kunnen verdwijnen. Op Tuvalu en de Maldiven bijvoorbeeld zijn ze al op zoek naar een andere plek om te wonen.

**ECHT TSUNAMI WAAR!**

👉 Tsunami's zijn gigantische golven die door zeebevingen ontstaan. Ze kunnen aan land grote verwoestingen aanrichten.

👉 Een tsunami kan over de zee razen met 800 km/uur. In 1960 bereikten tsunami-golven uit Chili binnen 24 uur Japan, dat bijna 17.000 km verderop ligt. Er vielen honderden doden.

👉 De tsunami die op 26 december 2004 in Zuidoost-Azië toesloeg, eiste bijna 300.000 levens.

👉 In 1958 werd Lituya Bay in Antarctica geteisterd door een tsunami van 500 meter hoog.

## Chinees water

➤ In 1332 verdronken er 7 miljoen mensen toen de Huang He of Gele Rivier buiten zijn oevers trad.

➤ In 1887 stierven 2 miljoen mensen toen de Huang He overstroomde.

➤ In 1642 verdronken 300.000 mensen toen Chinese rebellen de dijken bij Kaifeng vernielden.

➤ Meer dan 500.000 Chinezen kwamen om in 1938 toen nationalisten de dijken van de Huang He doorstaken om de Japanse troepen te stoppen.

➤ In 1975 stierven er bijna 250.000 mensen toen de Chinese dam Banquia in de rivier de Ru doorbrak.

Grote delen van Nederland en België liggen onder de zeespiegel. Als we geen dijken langs de Noordzee hadden aangelegd, zou ons land overstromen.

**ABSURDE NATUUR**

# Schokkend onweer

**Felle lichtflitsen aan de hemel betekenen dat er elektriciteit in de lucht hangt.**

## De bliksem slaat toe

☛ Elk jaar komen er ongeveer 100 mensen om door onweer – in Nederland zijn dat er 5.

☛ Als tijdens het onweer je haar overeind gaat staan, ga dan snel naar binnen of ga in een auto zitten. Het kan zijn dat de negatieve lading van de storm wordt aangetrokken door jouw positieve lading!

☛ Gebruik tijdens onweer nooit een gewone telefoonlijn. Als de lijn wordt getroffen, kan de bliksem jou via de telefoonlijn elektrocuteren. Mobieltjes zijn wel veilig!

We beweren wel eens dat de bliksem nooit twee keer op dezelfde plek inslaat, maar dat is niet waar. Het Empire State Building (foto) wordt gemiddeld meer dan 20 keer per jaar getroffen door de bliksem. Ooit zelfs 15 keer binnen 15 minuten!

## Donderslagen

✎ De donder is het geluid dat de lucht maakt wanneer die wordt verwarmd door de bliksem en supersonisch snel uitzet. Hetzelfde gebeurt als je een papieren zak laat knallen, maar dan iets zachter.

✎ Omdat geluid langzamer is dan licht, horen we de donder pas nadat we de bliksem hebben gezien. De donder heeft een vertraging van ongeveer 3 seconden per kilometer.

✎ We kunnen de donder nog net horen op 19 km afstand.

✎ Het gedonder klinkt vaak als een gerommel, doordat het ene uiteinde van de bliksem verder van je af is dan het andere. Het duurt dus even voor je dat geluid ook kunt horen.

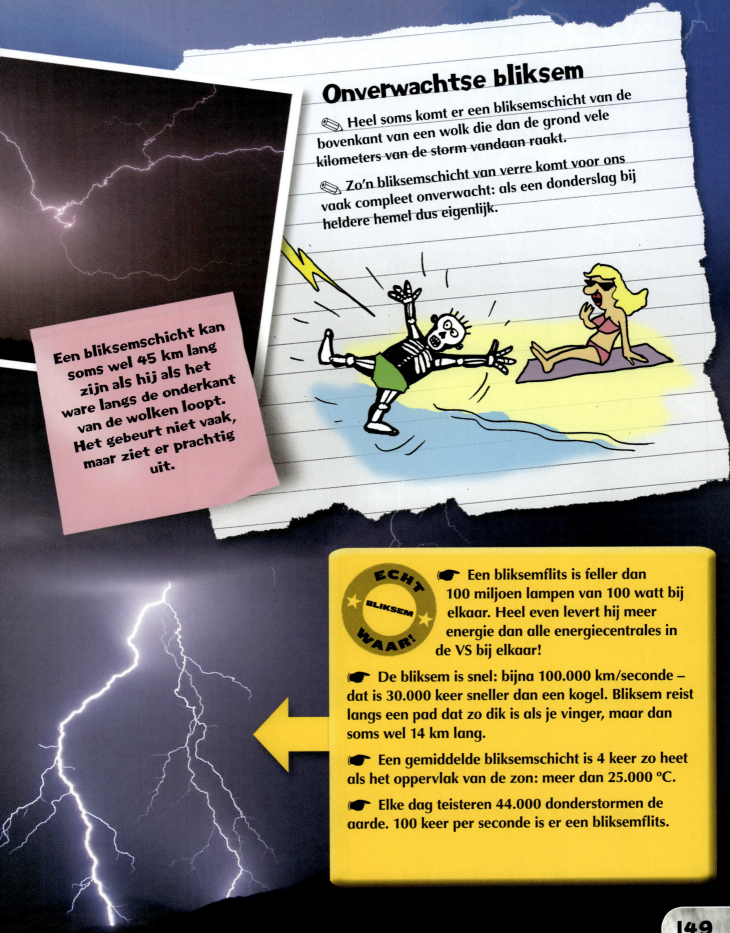

## Onverwachtse bliksem

🖉 Heel soms komt er een bliksemschicht van de bovenkant van een wolk die dan de grond vele kilometers van de storm vandaan raakt.

🖉 Zo'n bliksemschicht van verre komt voor ons vaak compleet onverwacht: als een donderslag bij heldere hemel dus eigenlijk.

Een bliksemschicht kan soms wel 45 km lang zijn als hij als het ware langs de onderkant van de wolken loopt. Het gebeurt niet vaak, maar ziet er prachtig uit.

**ECHT BLIKSEM WAAR!**

☛ Een bliksemflits is feller dan 100 miljoen lampen van 100 watt bij elkaar. Heel even levert hij meer energie dan alle energiecentrales in de VS bij elkaar!

☛ De bliksem is snel: bijna 100.000 km/seconde – dat is 30.000 keer sneller dan een kogel. Bliksem reist langs een pad dat zo dik is als je vinger, maar dan soms wel 14 km lang.

☛ Een gemiddelde bliksemschicht is 4 keer zo heet als het oppervlak van de zon: meer dan 25.000 °C.

☛ Elke dag teisteren 44.000 donderstormen de aarde. 100 keer per seconde is er een bliksemflits.

## ABSURDE NATUUR

# IJzig koud

Als de temperatuur daalt, wordt de regen sneeuw en soms is het zelfs zo koud dat er geen sneeuw meer kan vallen!

→ Er valt in de VS meer sneeuw dan op de Noordpool. Want vaak is het op de Noordpool te koud om te sneeuwen.

→ Het ijs van de bergen op de polen is 3000 tot 6000 jaar oud.

## Bobbelige huid

✎ Als je het koud hebt, krijg je kippenvel. De haartjes op je huid gaan dan overeind staan om de lucht bij je huid vast te houden en je warm te houden. Dit werkt goed bij dieren met een vacht, maar wij hebben er eigenlijk te weinig haar voor.

✎ Wind leidt tot warmteverlies en dan hebben we het veel kouder dan het eigenlijk is. We spreken dan vaak van de gevoelstemperatuur.

## Koude Zuidpool

☞ De laagste temperatuur ooit op aarde gemeten was -89 °C in Vostok, Antarctica, op 21 juli 1983.

☞ De gemiddelde temperatuur in Polus Nedostupnosti op Antarctica is -58 °C.

W.A. Bentley, een Amerikaanse boer, fotografeerde duizenden sneeuwvlokken door zijn microscoop. Hij ontdekte dat ze allemaal 6 zijden hadden en dat ze allemaal anders waren.

Deze meisjes wonen op de koudste bewoonde plek op aarde: Ojmjakon in Siberië, waar het soms wel -65 °C is.

## Verse sneeuw

☞ Tijdens één sneeuwstorm kan er 36 miljoen ton sneeuw vallen.

☞ In de winter van 1998–1999 viel er 29 meter sneeuw op Mount Baker bij Seattle, Washington. Een wereldrecord voor een jaar. Dat is genoeg om er een compleet flatgebouw in te begraven.

☞ De grootste sneeuwvlok die ooit is waargenomen had een doorsnee van 30 cm. Hij viel in Fort Keogh in Montana op 28 januari 1887.

## ABSURDE NATUUR

# Taaie rakkers

Planten op aarde kunnen onder de extreemste omstandigheden overleven: op ijzige bergen en in gloeiende woestijnen.

### Alpenplanten

☛ Sommige planten die nabij de ijskoude toppen van de bergen groeien, zoals het edelweiss, hebben wollige haartjes, die de kou tegenhouden en de bloem beschermen tegen de zon.

☛ Bomen kunnen niet overleven in de bijtende poolwind, tenzij het heel erg kleine bomen zijn die laag bij de grond blijven, zoals de kleinste kruipwilg: die wordt maar 5 tot 20 cm groot.

De bloem die het dichtst bij de Noordpool bloeit, is Papaver radicatum. Er is daar zo weinig aarde dat de plant soms in het karkas van dode dieren groeit.

➤ De Noord-Amerikaanse reuzen-cactus saguaro kan wel 15 meter hoog en 200 jaar oud worden.

➤ Een grote saguaro kan 5000 liter water bevatten – genoeg voor een aardig zwembad.

**ECHT WOESTIJN WAAR!**

👉 Als het droog is, verliest de ocotillo al zijn blaadjes, zodat hij geen extra vocht kwijtraakt. Bij regen komen er nieuwe blaadjes.

👉 De kokerboom gaat nog verder en laat zijn takken zelfs vallen om minder vocht te verliezen.

👉 Sommige woestijnplanten hebben heel lange wortels en zoeken water diep in de grond. De *Prosopis* heeft wortels die wel 45 meter diep gaan.

👉 Sommige vetplanten groeien vooral onder de grond om beschermd te zijn tegen de brandende zon!

👉 De *Haworthia* groeit zelfs naar beneden in plaats van naar boven. Hij heeft dan een koel, groen raampje aan de bovenkant om de zonnestralen op te vangen.

## Superslim

✏️ De roos van Jericho is een plant die er in droge toestand dood uitziet. Als het regent ontvouwt hij zich en wordt hij weer groen.

✏️ Deze plant kan helemaal uitdrogen, jarenlang zo blijven en zich als hij water krijgt binnen een paar uur volledig herstellen.

Lianen in het regenwoud kruipen naar grote hoogte voor het zonlicht, maar ze hebben zelf geen dikke, stevige stam: ze houden zich met kleine haakjes vast aan andere bomen en klimmen zo omhoog. Een liaan kan bijna 500 meter kruipen van boom naar boom.

## Vulkanische bloem

De *Argyroxiphium kauense* groeit boven op vulkanen op Hawaii. Er valt daar maar 7 cm regen per jaar, waardoor de plant wel 20 jaar water moet sparen voor hij kan bloeien. Een paar weken nadat hij gebloeid heeft, gaat hij dood.

## ABSURDE NATUUR

# Buitengewone planten

Planten heb je in allerlei soorten en maten.

**ECHT OUD WAAR!**

☞ De ginkgo is de oudst bekende plant die uit zaden groeit. Hij kwam waarschijnlijk al in de jura voor in China, zo'n 180 miljoen jaar geleden.

☞ Wetenschappers vonden bevroren zaadjes van een 10.000 jaar oude *Lupinus arcticus* in de bodem van Yukon in Canada. Er groeiden planten uit en één bloeide zelfs!

☞ Korstmos is klein, maar leeft lang. Het overleeft in de kou en groeit heel erg langzaam. Sommige soorten in Antarctica zijn misschien wel 4500 jaar oud.

## Grootste en kleinste

✏ De grootste bloeiende plant is een boom: een eucalyptus. Eentje werd er ooit 150 meter.

✏ De grootste bladeren ter wereld zijn van de raffiapalm: maximaal 19 meter groot.

✏ De grootste bloemknop is die van de bromeliasoort *Puya raimondii* uit de Andes. Hij kan 2,4 meter breed zijn en 10 meter hoog en telt soms wel 8000 bloemen. Het duurt 150 jaar voor de plant voor het eerst bloeit – en dan gaat hij dood.

✏ Wortelloos kroos (*Wolffia arrhiza*) drijft op vijvers en is de kleinste bloeiende plant ter wereld. Er passen 25 stuks op je vingernagel. Een boeketje met een stuk of 10 bloemetjes past op een speldenknop.

## Fruitige brandstof

☞ De avocado is de vrucht met de meeste energie: 272 kcal per 100 g.

☞ De groente die de minste energie levert is de komkommer: slechts 13 kcal per 100 g.

## Rare plantjes

☛ De *Welwitschia mirabilis* in de Afrikaanse Namibwoestijn leeft eeuwenlang met slechts 2 bladeren en zonder wortels. Hij neemt water op via de bladeren.

☛ De cactus *Cylindropuntia fulgida* verliest zomaar hele scheuten.

☛ In Australië bloeien 2 soorten orchideeën onder de grond. Niemand weet hoe ze elkaar bestuiven.

☛ In 1982 slaagden kosmonauten erin een *Arabidopsis*-plant te kweken, tot bloei te brengen en zaden te laten produceren in een omgeving zonder zwaartekracht.

De oudste bloeiende plant is de magnolia. In rotsen zijn gefossiliseerde magnolia's gevonden van wel 20 miljoen jaar oud.

## Grote lelie

's Werelds grootste waterplant is de reuzenlelie, die in de Amazone voorkomt. Zijn gigantische drijvende bladeren zijn zo groot als wagenwielen, en als je niet te zwaar bent, kun je echt over die bladeren naar de overkant lopen.

## ABSURDE NATUUR

# Superbomen

Bomen zijn houtachtige planten die ons zuurstof geven en die stikstof weghalen.

### Alle kanten op

☞ De *Albizia falcataria* is een tropische erwtenboom en groeit in ruim een jaar 10 meter.

☞ De wilde vijgenboom in Transvaal, Zuid-Afrika, heeft wortels van wel 122 meter lang.

☞ Het bladerdak van één enkele banyan-boom in de botanische tuin in Calcutta is 1,2 ha.

In de White Mountains in Californië staat een *Pinus aristata* van wel 4700 jaar oud. In Nevada heeft men in 1964 een exemplaar omgekapt dat men schatte op 5100 jaar.

### Oudjes

➡ In Zuidwest-Tasmanië staat 's werelds oudste struik: de 43.000 jaar oude *Lomatia tasmanica*.

➡ In 1994 ontdekte een wandelaar een levende wollemi-pijnboom in de Blue Mountains in Australië. De boom kenden we tot dan toe alleen van fossielen die 120 miljoen jaar oud waren.

➡ Naaldbomen leefden 300 miljoen jaar geleden ook al – lang voor er dino's waren – en er zijn 120 miljoen oude fossielen van soorten naaldbomen die nu nog steeds bestaan.

### Overlevers

🖊 Een bijl, vuur, storm, insectenplagen – de ombu-boom uit Argentinië, de sterkste boom ter wereld, overleeft het allemaal.

🖊 Taxusbomen overleven duizenden jaren, doordat hun kronkelige stammen supersterk zijn. Ze groeien langzaam en lopen zo minder kans door een storm beschadigd te raken.

156

**ECHT GROEN WAAR!**

☞ We verbruiken elke dag erg veel hout: een stapel zo breed als een stadion en zo hoog als de Mount Everest.

☞ Als we in het regenwoud in het huidige tempo blijven kappen, is er in 2020 nog maar de helft over van wat er nu staat.

☞ 4 vierkante kilometer bos is er nodig om het kooldioxide dat 1 auto in een jaar uitstoot op te nemen.

☞ 4 vierkante kilometer bos levert een jaar lang genoeg nieuwe zuurstof voor 18 mensen.

☞ Als een boom sterft, geeft hij alle kooldioxide die hij een leven lang heeft opgenomen terug aan de atmosfeer. Het maakt niet uit of die boom verbrandt of doodgaat door rot.

➨ Een volwassen, bladverliezende eik krijgt elk jaar een kwart miljoen nieuwe blaadjes – en hij verliest ze allemaal in de herfst!

➨ Eén enkele eik produceert in een goed jaar 50.000 eikels.

## Grote bomen

☞ General Sherman is een mammoetboom, een sequoia, net als deze bomen in Sequoia National Park in Californië. Het is momenteel de grootste boom op aarde: 83 meter hoog, een stam met een omtrek van 24 meter en 3 miljoen kg zwaar.

☞ De grootste boom ooit was een eucalyptus in Watts River in Australië. De boom mat in 1872 meer dan 150 meter.

## ABSURDE NATUUR

# Planten die vlees eten

Ze kunnen hun voedingsstoffen nergens anders krijgen, en dus richten deze planten zich op de dierenwereld.

ECHT MOERAS WAAR!

☛ De bodem in natte gebieden kan arm zijn en dus eten sommige planten vlees.

☛ De zonnedauw vangt insecten met de kleverige tentakels op zijn bladeren, die omkrullen en de insecten gevangenhouden.

☛ Vetkruid of *Pinguicula* heeft glanzende druppels boterachtig vet op zijn blaadjes. De vliegen plakken aan de blaadjes vast en worden langzaam verteerd.

De venusvliegenvanger heeft bladeren die razendsnel dichtklappen met het slachtoffer ertussen.

### Sarraceniaceae

☛ Uit de vaasachtige bladeren van de Sarraceniaceae druppelt zoete nectar om nietsvermoedende insecten te lokken; de insecten glijden uit over de was binnenin en verdrinken in het water onder in de vaas, waarna ze verteerd kunnen worden.

☛ Elk blad van een lid van de Sarraceniaceae kan in een dag meer dan 10 insecten vangen – en soms zelfs een salamandertje.

## Stiekeme vallen

✏️ De 1 meter grote cobralelie lijkt op de gevaarlijke slang. Hij lijkt slagtanden te hebben, die de prooi met nectar verleiden. Als een insect er eenmaal in valt, verdrinkt het en wordt het langzaam verteerd.

✏️ Blaasjeskruid vangt zijn prooi met kleine zakjes of blaasjes op de steel en bladeren. Er springt een luikje open als de haartjes van een beestje de ingang raken.

✏️ Een insect dat de nectar drinkt van de *Sarracenia flava* is meteen verlamd en valt dan in de beker, waar het verteert.

## Bekerplanten

De grootste vleesetende plant is de *Nepenthes*-soort, ook wel tropische bekerplant genoemd. Hij bungelt tussen de ranken in de regenwouden van Zuidoost-Azië. De bekers zijn zo groot dat een rat erin kan verdrinken.

## Dikke stinkerd

De reuzenaronskelk is geen vleeseter, maar hij ruikt wel naar rottend vlees. Het is de ergste stinker die erbij zit! Vliegen vinden de geur lekker, ze komen eropaf en verspreiden het stuifmeel.

## ABSURDE NATUUR

# Schimmige schimmels

Paddenstoelen en schimmels groeien vaak net als planten in de grond, maar ze zijn verder heel anders.

### Afvalverwerking

✏️ Schimmels leven op andere organismen of van het afval dat ze produceren.

✏️ *Pilobolus*-schimmels groeien op koeienmest. Ze breken de stront af door ervan te eten.

**ECHT GIF WAAR!**

☛ Er bestaan veel giftige paddenstoelen: ongeveer 75 verschillende soorten.

☛ De vliegenzwam (onder) werd ooit gebruikt om vliegen te doden.

☛ De allergiftigste paddenstoel ter wereld is waarschijnlijk de groene knolzwam of -amaniet.

Zwemmerseczeem is een huidinfectie die wordt veroorzaakt door schimmels. Schimmels als *Candida* en *Pitysporum* kunnen op en in je lijf groeien en huidinfecties veroorzaken.

## Nog meer schimmel

In kazen als roquefort, stilton en Danish blue zie je blauwe aderen, veroorzaakt door schimmels. Sommige schimmels, zoals penicilline, zijn heel belangrijk bij de ontwikkeling van medicijnen als antibiotica.

## Magische paddenstoelen

☛ Vaak zie je vooral de hoed van de paddenstoel, waaronder de sporen (de zaadjes) worden aangemaakt.

☛ Wij eten vaak alleen de hoed en de steel. De schimmeldraden die in de grond zitten, kunnen daar jaren blijven zitten.

☛ De weidechampignon kan een hoed met een doorsnee van wel 50 cm krijgen.

## Stuifzwam

☛ Stuifzwammen danken hun naam aan de manier waarop ze hun sporen verspreiden wanneer ze barsten.

☛ Een reuzenstuifzwam kan ongeveer 7 biljoen sporen verstuiven.

## Heksenkringen

✎ Heldergroene cirkels in het gras zouden zijn veroorzaakt door heksen die er 's nachts dansten. Het gras is echter zo groen doordat de ondergrondse schimmeldraden bepaalde chemicaliën afgeven, die de groei van het gras stimuleren.

✎ Sommige heksenkringen zijn vele eeuwen oud.

## ABSURDE NATUUR

# Planten met zaadjes

Veel planten produceren zaad om zich voort te planten. Soms hebben ze hulp nodig om hun zaadjes te verspreiden.

### Verleidelijke orchideeën

☛ Veel planten belonen insecten met bijvoorbeeld zoete nectar als ze bij ze langskomen en hun stuifmeel meenemen. Ook orchideeën hebben trucs om insecten te verleiden.

☛ De *Caleana major* heeft een snavelachtige vorm op zijn bloemblaadjes. Hij lokt insecten met zijn geur, doet de blaadjes dicht tot het insect met stuifmeel bedekt is en laat het beestje dan weer vrij.

☛ Wespen vallen de *Calochilus* (rechts) aan, omdat ze denken dat het een lief vrouwtje is.

➠ De zaden van de plataan hebben vleugeltjes en ze draaien als helikopters door de lucht als ze vallen.

➠ Als de wind ze te pakken krijgt, kunnen de zaden een heel eind verderop terechtkomen. Soms op een plek waar er een nieuwe boom uit groeit.

**ECHT ZAAD WAAR!**

☛ Vruchten helpen bloemen hun zaad te verspreiden. Vogels en vleermuizen eten de vruchten en poepen de zaadjes een eind verderop weer uit.

☛ Vleermuizen poepen terwijl ze vliegen. Zo zorgen vleermuizen er dus voor dat bossen zich verspreiden.

☛ In het Amazonegebied zetten rivieren het woud vaak blank. De bomen laten hun vruchten in het water vallen en de vissen eten ze op; ze poepen ze ergens anders weer uit.

☛ De zwarte pacu, een vis, heeft zulke sterke kaken dat hij er noten mee kan kraken.

## Groot zaad
De grootste zaden zijn van de palm coco de mer. De zaden kunnen wel 20 kg wegen.

## Klokbloemen
Sommige bloemen openen en sluiten hun blaadjes om te zorgen dat de insecten hun stuifmeel verspreiden. Openingstijden:
- kaneelroos (*Rosa majalis*) 4–5 uur tot 19–20 uur;
- cichorei (*Cichorium intubis*) 4–5 uur tot 14–15 uur;
- gewone paardenbloem (*Taraxacum officinale*) 5–6 uur tot 14–15 uur;
- aardappel (*Solanum tuberosum*) 6–7 uur tot 14–15 uur;
- vlas (*Linum usitatissimun*) 6–7 uur tot 16–17 uur

Notenkrakers begraven zaden en bewaren ze voor de winter. Maar ze halen ze niet allemaal op, waardoor er uit sommige zaden planten groeien. Een notenkraker begraaft elk jaar wel 30.000 zaden.

## Verspreiders van zaad
- De spuit- of springkomkommer heeft geen dier nodig om zijn zaad te verspreiden. Hij knalt ze zelf de wereld in met een snelheid van bijna 100 km/uur.
- Vruchten van bijvoorbeeld geranium en wolfsmelk knallen ook open. De zaadjes schieten dan alle kanten op.
- Vruchten en zaden kunnen beide vleugels hebben. Die van de wilg hebben de vorm van parachuutjes.
- Kokosnoten drijven soms wel duizenden kilometers op de oceaan voor ze ergens aanspoelen.

## VREEMDE VOGELS

# Vreemde vogels

Alle vogels hebben vleugels en veren, maar sommige komen toch echt niet van de grond.

### Tropische vogels

☞ Geen enkele vogel heeft zo'n relatief grote snavel als de toekan. De snavel zit vol gaten, zodat hij licht is en de toekan niet omvalt. Als hij gaat slapen, draait de toekan zijn kop en legt hij de snavel op zijn rug, zodat hij niet valt.

☞ Kolibries kunnen op en neer en achteruit vliegen door hun vleugels tientallen keren per seconde te bewegen.

☞ De condor heeft een goede neus. Als hij boven een dicht woud vliegt, ruikt hij een dood dier op de grond.

➤ De grootste vliegende vogel is de koningsalbatros, die boven de oceanen rond Antarctica vliegt. Zijn spanwijdte is wel 3 meter.

➤ De niet-vliegende olifantsvogel van Madagaskar was echt zo groot als een olifant: 3,5 meter. Helaas is hij nu uitgestorven.

### Vogelhersenen

✎ Wetenschapper Irene Pepperberg leerde de grijze roodstaart Alex (een papegaai) 50 dingen herkennen en erom te vragen in het Engels.

✎ De liervogel is heel goed in nadoen. Hij kan 12 andere vogels zo goed imiteren dat zelfs die vogels erin trappen. Verder doet hij een camera na, de motor van een auto en een autoalarm. Hij kan zelfs een kettingzaag imiteren die het bos omzaagt.

✎ Het oog van de struisvogel is groter dan zijn hersens!

## Eieren

➤➤ De schaal van een struisvogelei is 6 keer zo dik als die van een kippenei.

➤➤ Een volwassen mens kan op een struisvogelei staan zonder dat het ei breekt.

➤➤ Het grootste ei dat ooit is gelegd was van de olifantsvogel. Het ei woog net zo veel als 200 kippeneieren.

➤➤ De eieren van de bijkolibrie, de kleinste vogel ter wereld, zijn zo groot als de nagel van je vinger.

➤➤ Koekoeken zijn stiekeme jongens. Ze leggen hun eieren in het nest van andere vogels, die de kuikens dan grootbrengen.

## Onhandige tinamoes

✎ Tinamoes, vogels uit Zuid-Amerika, zijn rare jongens. Ze zijn erg verlegen en vliegen zelden, maar als ze vliegen, doen ze dat razendsnel, zodat niemand ze ziet.

✎ Ze zijn helaas niet erg goed in vliegen: ze knallen geregeld tegen bomen, waardoor ze verongelukken.

✎ Tinamoes zijn snel moe en rennen dan liever dan dat ze vliegen. Het probleem is dat dat soms boven water gebeurt, en daar raken ze zelf van in de war, want plotseling blijken ze te zwemmen. En als ze over land rennen, vallen ze geregeld om.

## Snelle renners

☞ Renkoekoeken leven in de woestijnen in het zuidwesten van de VS. Ze kunnen niet goed vliegen, maar rennen wel zo hard als olympische sprinters.

☞ Renkoekoeken scheuren vaak langs wegen. Ze zijn zo snel dat ze ratelslangen kunnen vangen en opeten – zonder te kauwen.

**VREEMDE VOGELS**

# Koudbloedige beesten

Deze dieren hebben koud bloed, maar dat is niet het enige rare aan ze.

## Humeurige krokodillen

- De krokodilachtigen – krokodillen, kaaimannen en alligators – leefden net als de dino's 200 miljoen jaar geleden en zijn ook reptielen.

- Toen de dino's uitstierven, werd de zoutwaterkrokodil het grootste reptiel ter wereld. Hij wordt ruim 6 meter lang.

- Krokodillen slikken vaak stenen door, zodat ze in het water niet kantelen en niet boven komen drijven.

Men zegt wel eens dat krokodillen huilen nadat ze hun slachtoffer hebben verorberd. Maar alleen zoutwaterkroko's huilen – niet omdat ze spijt hebben, maar om het zout uit hun ogen te spoelen. Echte krokodillentranen dus!

**ECHT KIKKER WAAR!**

- Een gemiddelde kikker kan, vanuit stand, 3 meter springen. Dat komt neer op een mens die vanuit stand 15 meter zou springen!

- Kus nooit een pijlgifkikker – het gif in zijn huid kan je dood betekenen!

- 's Werelds grootste kikker is de goliathkikker uit West-Afrika, die wel 30 cm kan worden. De Australische reuzenpad (rechts) is nog groter: bijna net zo groot als een konijn!

## Hagedissen

👉 De tong van de kameleon is de beste vliegenvanger. In een fractie van een seconde rolt de kameleon zijn tong uit, die langer is dan zijn eigen lijf.

👉 De helmbasilisk wordt ook wel Jezus Christus-hagedis genoemd, omdat hij over water kan lopen.

👉 De grootste hagedis is de komodovaraan uit Indonesië, die ruim 135 kg kan wegen. Hij kan een heel varken doorslikken.

➤ Zo'n 350 miljoen jaar geleden waren reptielen de eerste grote landdieren.

➤ De dinosauriërs, de grootste landdieren ooit, waren ook reptielen. De brachiosaurus was 23 meter lang en woog 40.000 kg.

## Kronkelende slangen

✏️ Slangen hebben meer doden op hun geweten dan alle andere dieren.

✏️ De Afrikaanse python kan een volwassen impala in zijn geheel doorslikken – met hoorns en al.

✏️ Wurgslangen, zoals pythons en boa's, vergiftigen hun slachtoffers niet: ze wikkelen zich om ze heen en knijpen ze dood.

✏️ Verwarrend genoeg is de hazelworm geen worm en ook geen slang, maar een pootloze hagedis.

## VREEMDE VOGELS

# Zzzuper zoogdieren

Mensen zijn beslist niet de enige vreemde zoogdieren op aarde.

### Apenstreken

☛ Brulapen zijn de luidruchtigste landdieren. Je kunt ze op bijna 5 km afstand nog horen.

☛ Primaten en olifanten zijn waarschijnlijk de enige dieren die zichzelf in een spiegel herkennen.

☛ Als een mannetjesorang-oetan boert, is hij niet onfatsoenlijk. Hij waarschuwt zo andere mannetjes weg te blijven.

### Grote katten

☛ Cheeta's zijn de allersnelste dieren op aarde: ze halen 109 km/uur. Maar die snelheid kunnen ze maar 10 tot 20 tellen vasthouden.

☛ Als je tot het raam van de eerste verdieping kon springen, was je net zo goed als een poema: die kan 5 meter springen.

IJsberen eten het liefst zeehondenvlees. Als een zeehond ontsnapt, wordt de ijsbeer boos. Hij gaat dan liggen jammeren en gooit met sneeuw.

Vampiervleermuizen in het tropische Zuid-Amerika heten zo omdat ze 's nachts bloed uit levende dieren zoals koeien zuigen. Als de prooi een vacht heeft, scheren ze hem voor het gemak eerst even kaal.

➤ Vreemd genoeg zijn de enige andere zoogdieren met vingerafdrukken koalaberen.

➤ Het kleinste zoogdier op aarde is de hommelvleermuis. Hij weegt net zo veel als een muntje: ongeveer 2 gram!

## Olifanten

👉 De Afrikaanse olifant is het grootste landdier. Een grote stier kan 5900 kg wegen – evenveel als 8 auto's.

👉 Op walvissen na hebben olifanten de grootste hersens – veel groter dan de mens!

👉 Olifanten hebben verdriet als er een van hun kudde doodgaat.

👉 Olifanten kunnen diepe rivieren oversteken: ze steken hun slurf dan als een snorkel omhoog.

👉 Olifanten kunnen niet springen.

## Meer zoogdieren

✎ De blauwe vinvis is het grootste dier op aarde. Zijn hart weegt evenveel als 10 volwassen mensen: 700 kg.

✎ De pantserspitsmuis heeft een heel sterke ruggengraat: een mens kan erop staan zonder dat hij breekt.

✎ Een mannetjesleeuw kan een zebra van 300 kg meeslepen. Daar zouden wij mensen 6 man voor nodig hebben.

✎ Een vrouwtjeskonijn kan 20 jonkies per maand krijgen en na 6 maanden kunnen die jonkies ook weer jonkies krijgen. Als alle konijnen overleven en zich voortplanten, heeft 1 konijn na 3 jaar meer dan 33 miljoen nazaten!

## VREEMDE VOGELS

# Interessante insecten

Kijk eens goed naar die krioelende beestjes om ons heen!

### Keiharde kakkerlakken

☞ Omdat de kakkerlak bestand is tegen straling, zou hij waarschijnlijk een atoomaanval kunnen overleven.

☞ Een kakkerlak kan nog een maand doorleven nadat hij zijn kop is kwijtgeraakt.

☞ De oude Grieken maakten medicijnen van gemalen kakkerlakken. Daarmee behandelden ze oorpijn en wonden.

### Termieten

✎ Sommige mensen beweren dat termieten 2 keer zo snel hout eten als ze naar heavy metal luisteren ...

✎ Een enkele kolonie Afrikaanse termieten kan een huis tot gruis eten in maar 3 maanden.

✎ Termieten bouwen enorme heuvels om in te wonen mét airconditioning. De grootste termietenheuvel die ooit is gevonden was een soort zuil: 3 meter breed, maar wel 13 meter hoog!

✎ De samenleving van termieten is strak georganiseerd en iedereen kent zijn plek. Er zijn 1 koning en 1 koningin, die als enige taak hebben: kinderen krijgen. De rest van de kolonie bestaat uit werkers en soldaten.

✎ De koningin kan wel 50 jaar oud worden en 2000 eitjes per dag leggen.

➤ Een mier kan wel 25 keer zijn eigen gewicht dragen. De mieren werken samen in groepen om voedsel naar hun nest te brengen.

➤ Sommige mieren maken andere mieren tot hun slaven. Ze stelen de jongen en gebruiken ze als slaaf.

Honing, gemaakt door bijen en bedoeld als voedsel voor de jongen, is een natuurlijk product dat niet bederft. Wetenschappers hebben de honing geproefd die in de tombes van Egyptische farao's lag – ze konden het navertellen!

Monarchvlinders vliegen ruim 4000 km vanuit Noord-Amerika naar de geboorteplaats van hun grootouders in Mexico – ook al zijn ze er nog nooit eerder geweest.

### ECHT KEVER WAAR!

👉 Mestkevers regelen het riool van de aarde. Als ergens de poep van een dier ligt, komen er al snel mestkevers, die de poep wegrollen om hun eitjes erin te leggen. Als de eitjes uitkomen, eten de jongen van de mest.

👉 In verse olifantenpoep kunnen wel 7000 mestkevers zitten!

👉 Het bladhaantje heeft een laagje olie aan zijn poten, waarmee hij aan bladeren blijft kleven. Anders zou hij zo weg worden geblazen.

👉 Er zijn 250.000 verschillende soorten kevers, waaronder het allergrootste en het allerkleinste insect. Alle kevers hebben een hard pantser dat de vleugels eronder beschermt.

👉 Het zwaarste vliegende insect is de goliathkever uit Afrika. Hij is net zo zwaar als een sinaasappel en wordt wel 12 cm groot.

## VREEMDE VOGELS

# Leven in de zee
In de diepe oceanen leven allerlei soorten vissen en vreemde wezens.

## Haaien

✏️ De walvishaai is de grootste vis in de zee. Sommige zijn wel 13 meter lang en wegen meer dan 20.000 kg. Maar ze zijn onschuldig en eten alleen plankton.

✏️ De grootste vleesetende vis is de witte of mensenhaai (links). Er zijn witte haaien gevangen van 7 meter, maar ze kunnen zelfs 9 meter worden!

✏️ Een haai kan uit het water springen: hij gaat dan met een snelheid van 40 km per uur van 20 meter diepte naar de oppervlakte, en 'breekt' dan uit het water.

✏️ Haaien hebben de beste neus van alle vissen. Ze kunnen 1 druppel dierlijk bloed herkennen in 100 miljoen druppels water.

## Weekdieren

☛ De blauwgeringde octopus is niet groter dan een golfbal, maar met zijn gif kan hij in een paar minuten een mens doden.

☛ Ooit dachten we dat de gigantische reuzenpijlinktvis een fabeltje was, maar in 2006 werd er voor het eerst een levende gefilmd.

☛ De kolossale inktvis is nóg groter. In februari 2007 werd er een gevangen die 9 meter lang was.

Doopvontschelpen zijn echt enorm. Op het Groot Barrièrerif in Australië is er een gevonden met een doorsnee van 1 meter en een gewicht van meer dan 250 kg.

## Zoogdieren in zee

☞ Het grootste dier op aarde is de vrouwelijke blauwe vinvis. Ze is meer dan 30 meter lang en weegt ongeveer 160.000 kg – dat is meer dan 25 keer zo zwaar als de grootste olifant.

☞ De blauwe vinvis is al bijna 8 meter bij de geboorte.

☞ De blauwe vinvis eet krill, piepkleine diertjes van 1 cm groot. Maar hij eet elke dag wel 4000 kg krill!

☞ Dolfijnen hebben wel zwemmers gered door ze naar het oppervlak te tillen. Waarschijnlijk doen ze dat omdat ze een aangeboren instinct hebben om gewonde dolfijnen naar het oppervlak te duwen, waar ze kunnen ademen.

➸ Koraal is een dier. Een koraalrif is een kolonie die op de bodem vastzit. Er leven algen op het koraal, die het koraal die felle kleuren geven.

➸ Veel soorten koraal leven van fytoplankton: microscopisch kleine organismen, die het voedsel vormen van veel grote én kleine dieren.

## VREEMDE VOGELS

# Oost west, thuis best

**Sommige dieren voelen zich thuis op de gekste plekken.**

☛ De boomgierzwaluw maakt een heel klein nest van reepjes boombast, waar hij een soort kommetje van plakt. De zwaluw plakt het nest vervolgens aan een hoge tak.

☛ De kapparkiet en de goudschouderparkiet uit Australië maken hun nesten in termietenheuvels.

☛ Veel vogels leven 's nachts, maar de Zuid-Amerikaanse vetvogel maakt het wel erg bont: hij leeft overdag in grotten en komt 's nachts alleen even naar buiten om boomvruchten te zoeken, die hij van verre kan ruiken.

Jonge parelvissen leven in zeekomkommers. Als een zeekomkommer zijn ademgat opent, wipt de parelvis achterstevoren naar binnen. Hij eet de zeekomkommer van binnenuit op.

### Grote steden op de prairie

☛ Prairiehonden leven in groepen onder de grond in prairiehondendorpen. Maar met miljoenen bewoners zijn dit eerder megasteden!

☛ In al die dorpen vind je een crèche, slaapkamers, badkamers en bewakingsruimtes. Prairiehonden leven in familiegroepen: vader, moeder en al hun jongen.

## De harde waarheid

👉 De brughagedis of tuatara leeft vaak in hetzelfde nest als de duifprion. De tuatara slaapt overdag en is 's nachts actief; de duifprion jaagt overdag boven zee en slaapt 's nachts. Toch is het niet altijd pais en vree: soms eet de tuatara de eieren van de duifprion op.

👉 Duizenden meters diep, op de bodem van de oceaan, vind je grote groepen schelpdieren die leven van de chemicaliën die hete vulkanen uitstoten. Kokerwormen rond de luchtgaten kunnen wel 2 meter lang worden.

➡️ De koekoeksbij leeft alleen, maar de meeste bijen en wespen leven net als honingbijen en hommels samen in grote koloniën.

➡️ Papierwespen bouwen enorme nesten, zoals dit hier, van een soort papier-maché, dat ze maken door op hout te kauwen.

## Nest te huur

De republikeinwevers leven samen in enorme nesten hoog in de bomen. Elk stel vogels heeft er een eigen kamer en ingang. Bepaalde andere vogels, zoals dwergpapegaaien, dwergvalken en roodkopamadines, trekken er soms bij in en de wevers vinden dat geen probleem – ze vragen zelfs geen huur!

Geen enkel zoogdier (behalve de mens) bouwt uitgebreidere huizen dan de bever. Hij beschermt zijn burcht met een dam. Zo'n dam kan 300 meter lang zijn en eeuwen blijven bestaan. Vanbinnen is de burcht ongeveer 60 cm lang en 2 meter breed en hoog.

**VREEMDE VOGELS**

# Op het randje

Dieren kunnen overleven onder de extreemste omstandigheden ter wereld.

Tijdens de ijskoude Japanse winters blijven de makaken warm door een warm vulkanisch bad te nemen. Dit ontdekten ze door mensen na te apen. Ze kunnen ook sneeuwballen maken en die naar elkaar gooien!

De ezelhaas blijft in de hete woestijn in het zuidwesten van de VS koel door zijn bloed door zijn gigantische oren te laten stromen, zodat hij de warmte kwijt kan raken.

## Droogte overleven

☛ De addax, een grote antilope, drinkt nooit. Hij haalt in de Sahara al het water uit zijn eten.

☛ De mojave-grondeekhoorn uit de VS overleeft grote droogte door dagen achtereen te slapen.

☛ De kangoeroerat in Death Valley in Californië bespaart water door zijn eigen keutels te eten. Hmm ...

☛ Kamelen kunnen 2 weken zonder water, maar als er wel water is, kunnen ze 170 liter in één keer drinken.

## Ondergesneeuwd

☞ De Amerikaanse sneeuwhaas kan prima uit de voeten in de sneeuw. Hij heeft grote achterpoten, zodat hij niet wegzakt in de sneeuw.

☞ Rendieren moeten elke dag 12 kg korstmos eten. Dat kunnen ze gelukkig ook vinden onder een dikke laag sneeuw.

☞ IJsberen hebben zo'n warme, dikke vacht dat ze soms even door de sneeuw moeten rollen om af te koelen.

## Onverschrokken insecten

✎ De larven of jongen van de gewone dansmug kunnen volledig uitdrogen en 17 jaar zonder water leven. Als de omstandigheden veranderen, kunnen ze volledig herstellen. Deze stoere vliegjes kunnen dan ook overal op aarde leven.

✎ Springstaarten kunnen op Antarctica overleven bij temperaturen van -37 °C, want hun lichaamssappen bevatten stoffen die niet snel bevriezen. Maar bij kouder dan -10 °C kunnen ze niet meer bewegen.

✎ Arctische kevers kunnen kou tot -60 °C overleven. Sommige vliegen in Alaska bevriezen in die kou en gaan toch niet dood.

## Warme en koude hagedissen

✎ De meeste reptielen krijgen hun energie en warmte van de zon. Maar de tuatara in Nieuw-Zeeland (rechts) overleeft de kou door alles gewoon heel erg langzaam te doen. Hij kan een uur zonder ademhalen. En pas na 20 jaar is hij 60 cm lang.

✎ In de hete zandduinen van de Namibwoestijn in Afrika voorkomt de franjevoethagedis dat zijn voetzolen verbranden door te dansen. Af en toe rust hij even uit op zijn buik.

✎ De zeeleguaan ligt 's ochtends te zonnebaden op de rotsachtige kust van de Galápagoseilanden. Daarna duikt hij het koele water in om te eten. Hij koelt dan snel af en halverwege de middag gaat hij weer in de zon liggen.

## VREEMDE VOGELS

# Geboren moordenaars

Kijk uit! Dit zijn een paar van de dodelijkste, engste en naarste wezens ter wereld.

## Vreselijke vissen

☛ Haaien zijn eng, maar ze doden elk jaar gemiddeld slechts 10 mensen. Bijen, wespen, slangen en zelfs honden doden er elk jaar veel meer.

☛ De zwarte sidderrog geeft zijn slachtoffers een stroomstoot die net zo sterk is als de stroom bij jou thuis.

☛ Koraalduivels behoren tot de giftigste vissen. Ze hebben 13 rugvinnen met gifzakjes; daarmee injecteren ze een gif dat heel pijnlijk is. De vissen vallen niet op tussen het koraal en je trapt er dus makkelijk op.

☛ Het gif van de zeewesp (een soort kwal) kan je doden binnen 30 tellen.

☛ De murene (links) verstopt zich in spleten en grotten en verrast dan zijn prooi. Hij scheurt met zijn sterke kaken de prooi open en kan met een beet ook mensen flink verwonden.

## Hysterische hyena's

Hyena's werken samen in troepen van wel 90. Ze kunnen een groot dier, zoals een gnoe, opjagen en vangen en het hele dier in 15 minuten opeten – inclusief de botten. Als ze opgewonden zijn, lijkt het of hyena's lachen.

## Sluwe slangen

✏️ Deze Afrikaanse eieren etende slang leeft in bomen en steelt daar eieren uit de nesten van vogels. Hij kan een heel ei doorslikken door zijn kaken wijd open te houden. Hij heeft 30 'tanden' in zijn keel, die de schaal breken wanneer hij het ei doorslikt.

✏️ De grootste gifslang is de koningscobra uit Zuidoost-Azië. Hij wordt wel 5 meter lang.

✏️ Cobra's doden in India elk jaar 7000 mensen.

✏️ De lanspuntslang krijgt 60 tot 80 jonkies, waarvan het gif vanaf hun geboorte dodelijk is.

✏️ Je hoeft geen moordenaar te zijn om je vijanden bang te maken – op een moordenaar lijken is soms al genoeg. De ongevaarlijke rood-zwarte konings- of melkslang lijkt sprekend op de dodelijke koraalslang.

**ECHT WAAR! INSECT**

☛ Als hij zich bedreigd voelt, spuit de bombardeerkever kokende chemicaliën naar zijn vijand.

☛ De *Papilio polyxenes*-rups verjaagt vijanden met zijn stinkende, gevorkte klieren die hij uit een zakje achter zijn kop tevoorschijn haalt.

☛ De wesp *Sphex pensylvanicus* steekt vogelspinnen en verlamt ze – een vers hapje voor zijn jonkies.

☛ Honingbijen hebben angels met haakjes. Die blijven in je huid zitten als ze je steken; de buik van de bij scheurt dan open en de bij bloedt dood. Als hij met andere bijen vecht, kan hij zijn angel wél meerdere keren gebruiken.

➤➤ Ondanks zijn reputatie is de tarantula niet giftig. Hij knijpt zijn kleine slachtoffers fijn met zijn sterke kaken.

➤➤ Deze goliathvogelspin is groot én giftig. De grootste heeft een spanwijdte van 25 tot 30 cm.

VREEMDE VOGELS

# Overlevingstechnieken

Als je elke dag oog in oog staat met gevaarlijke roofdieren, moet je iets slims bedenken om te overleven.

## Vieze stinkers

☛ Het stinkdier sproeit bij gevaar een smerig ruikende vloeistof vanonder zijn staart. Hij kan iets raken van 3 meter afstand en je ruikt de geur al op meer dan 500 meter.

☛ De muskusschildpad is zo klein als een schoteltje, maar de geur waarmee hij vijanden wegjaagt, is genoeg om een olifant misselijk te maken.

☛ Als de haakneusslang doet alsof hij dood is, denk je zelfs dat hij al ligt te rotten!

## Ontsnapping in de zee

✎ Als de kleine egelvis wordt aangevallen, slikt hij zo veel water in dat hij opzwelt tot een stekelige basketbal. Als de aanvaller dan nog niet bang is, zal hij het hapje niet erg lekker vinden.

✎ De snipmesvis verstopt zich tussen de stekende stekels van de zee-egel en doet net of hij ook een stekel is.

✎ De zeekomkommer schiet zijn kleverige darmen naar buiten om de rover te smoren.

Niemand zal je doden als je al dood bent ... De Amerikaanse opossum gaat doodstil liggen met zijn mond open en met een glazige blik in zijn ogen.

Om aanvallers weg te jagen maakt de Australische kraaghagedis zichzelf 3 of 4 keer zo groot. Hij ziet er eng uit met die kraag rond zijn nek.

 ECHT LIJF WAAR!

👉 Als een roofdier een van de armen van de zeester pakt, valt die arm er gewoon af en kan de zeester ontsnappen. Hij kan alle vijf armen kwijtraken; ze groeien ook weer aan.

👉 De hazelworm heeft geen poten en als hij wordt aangevallen, laat zelfs zijn staart los. De staart kronkelt dan als een slang, de aanvaller is afgeleid en de hazelworm ontsnapt.

👉 Een bosmuis laat zijn staart los tijdens het ontsnappen, maar deze staart groeit niet weer aan.

👉 De regenworm kan delen van zijn lijf vervangen als hij ze kwijtraakt – ook zijn kop. Als je hem in tweeën hakt, kunnen er dus twee nieuwe wormen ontstaan.

➡ Een kameleon verandert van kleur als hij boos of bang is – en wanneer hij ziek is.

➡ Mensen worden bleek als ze boos of bang zijn. Octopussen worden wit – en daarna alle mogelijke kleuren, om hun aanvallers af te schrikken.

## Goede vermommingen

👉 In de broeierige hitte op de Afrikaanse vlaktes is de zebra dankzij zijn strepen moeilijk te herkennen. De vlekken van een luipaard hebben hetzelfde effect, zodat die de zebra's onverwacht kan aanvallen.

👉 Veel rupsen vermommen zich als de planten die ze opeten, zodat vogels ze niet zien. Sommige vermommen zich als takjes, andere als blaadjes.

# VREEMDE VOGELS

## Versieren

Net als wij kunnen dieren zich uitsloven om een partner te vinden en kinderen te krijgen.

### Zingende walvissen

Bultruggen zijn ontzettend romantisch! Ze zingen liedjes van wel 20 minuten. Wetenschappers denken dat ze zo de aandacht van een vrouwtje willen trekken.

Om indruk te maken op de dames blaast het mannetje van de fregatvogel zijn keel op als een grote, glanzende, rode ballon. Als hij succes heeft, legt het vrouwtje haar kop op dit liefdeskussen.

**ECHT FLIRTEN WAAR!**

☞ Een verliefde mannetjesmuis zingt. De hoge piepjes kunnen wij niet horen, maar vrouwtjesmuizen vinden het geweldig.

☞ Een partner vinden in de diepe, donkere oceaan kan lastig zijn. Als een mannetjeshengelvis in de diepzee een vrouwtje vindt, houdt hij haar vast en gebruikt hij zelfs haar bloed om in leven te blijven. Als ze eitjes legt, bevrucht hij ze snel.

☞ De Australische mannetjesprieelvogel bouwt een liefdesnest voor zijn vriendin. Hij versiert het met schelpen en botjes. Hij verft het nest blauw met bessensap; een stukje bast is zijn kwast.

## Moederliefde

🖉 De *Megarhyssa macrurus*-wesp maakt een huisje en zorgt voor voedsel voor de jongen met haar legboor, de staart waarmee ze eitjes legt: ze boort een gat en legt de eitjes naast de larven van de reuzenhoutwesp. Als de eitjes uitkomen, kunnen ze meteen de larven opeten.

🖉 Een spitsmuizenmoeder neemt haar jongen mee als ze op zoek naar eten gaat. De jongen volgen haar in een nette rij en houden elkaar goed vast.

## Veeleisende vrouwtjes

☛ Bij sommige soorten bidsprinkhanen eet het vrouwtje het mannetje tijdens het paren op. Ze begint met zijn kop en eindigt met zijn maag. Zo levert de vader meteen het voedsel voor de eitjes waar zijn kinderen uit komen.

☛ Vrouwelijke Caribische beervlinders houden van gevaarlijke mannetjes. De mannetjes vechten met elkaar en de giftigste wint. De geur die ze afgeven bevat ook het gif van de zaden die ze als rups aten.

☛ De vrouwtjes van een bepaalde Noord-Amerikaanse longloze salamander beoordeelt de levensstijl van een mannetje door aan zijn poep te ruiken. Als hij slechte mieren eet in plaats van goede termieten, zal ze hem afwijzen.

## Liefhebbende vaders

☛ De mannelijke Darwins bekbroeder (rechts) slikt de eitjes door en laat de pas uitgekomen jonkies uit zijn bek springen.

☛ Het mannetje van de vroedmeesterpad rijgt de eitjes aan elkaar en wikkelt ze rond zijn poten tot ze uitkomen.

☛ Moeders bij de reuzenwaterwantsen leggen eitjes op de rug van de vader en plakken ze vast, zodat hij ze niet kwijtraakt.

## VREEMDE VOGELS

# Zintuigen

Dieren hebben geweldige zintuigen. Sommige voelen zelfs de magnetische kracht van de aarde.

### Met arendsogen
☛ Een arend kan een bewegend konijn op de grond zien op 2,8 km afstand.

☛ Een visarend kan een zalm in het water zien van 30 meter hoogte.

### Handjes thuis
✏ Bijna alle levensvormen reageren op aanraking; dat is dus een van de belangrijkste zintuigen.

✏ De snorharen van een muis zijn zo gevoelig dat de muis dankzij die haren de weg in het donker kan vinden.

✏ De voelsprieten van een kakkerlak voelen bewegingen van 2000 keer de doorsnee van een waterstofatoom. Wij hebben daar een microscoop voor nodig!

✏ Honingbijen voeren een dans in de donkere bijenkorf uit. Andere bijen volgen die dans met hun voelsprieten.

### ECHT HOREN WAAR!

☛ Krekels horen met hun voorpoten. Door geluidsgolven trilt een dun membraan op de poten, net zoals het trommelvlies in jouw oren vibreert.

☛ De *Pataeta carbo*-mot hoort geluiden met een frequentie van 240.000 hertz. Dat is 10 keer hoger dan een mens kan horen.

☛ Olifanten horen lage geluiden van 1 hertz. Dat is zo laag dat een mens de trilling van de geluidsgolven wel voelt, maar niet hoort.

## Supersnuivers

☞ Het mannetje van de nachtpauwoog kan een vrouwtje ruiken op 11 km afstand, ook al heeft zij maar 0,1 mg feromonen (een aantrekkelijke geur) bij zich.

☞ Een ijsbeer ruikt een dode zeehond op 19 km afstand.

☞ Noord-Amerikaanse en Europese paling zwemt naar de Sargassozee – om zich voort te planten – dankzij extreem verdunde stofjes in het water (1 op 3 miljoen).

## Echolocatie

✎ Vleermuizen gebruiken echolocatie: ze maken korte, hoge geluidjes en luisteren hoe die tegen bijvoorbeeld muren weerkaatsen. Echolocatie is zo precies dat een vleermuis een draad van nog geen 0,1 mm dik kan opmerken.

✎ Dankzij echolocatie kunnen vleermuizen 2 vliegen per seconde vangen.

✎ Salanganen zijn vogels die in grotten leven en ook echolocatie gebruiken. Zij maken echter een klikkend geluid dat zo laag is dat wij het niet horen.

✎ Zoetwaterdolfijnen vinden hun weg in modderige rivieren dankzij echolocatie.

Bijen oriënteren zich aan de hand van het magnetische veld op aarde. Kleine veranderingen merken ze ook op.

## Gordeldieren

Gordeldieren hebben een zeer goede neus en ruiken termieten die wel 75 cm onder de grond zitten.

## VREEMDE VOGELS

# Records vestigen

**Dit zouden de kampioenen zijn als er wedstrijden in stoerheid werden gehouden.**

### Razendsnelle dieren

☛ Het snelste dier op aarde is de slechtvalk, die kan duiken met 386 km/uur.

☛ Iedereen weet dat de cheeta het snelste landdier is. Maar de Noord-Amerikaanse pronghorn krijgt de 2e prijs voor een topsnelheid van 100 km/uur. De pronghorn kan dat tempo langer volhouden dan de cheeta, die al na een paar tellen op is.

☛ De Pacifische zeilvis is de snelste vis. Hij zwemt de 100 meter in slechts 3 seconden.

### Hoog en laag

✎ Vissen zijn de diepste zwemmers. De hengelvis en de sabeltandsvis zwemmen in de absolute duisternis op 5 km diepte.

✎ De keizerspinguïn kan het diepst duiken van alle vogels: wel 564 meter.

✎ Rüppells gieren kunnen op wel 11 km hoogte zweven. Eén botste er eens met een vliegtuig op 11,27 km hoogte!

✎ De Indische gans kan op 9 km hoogte vliegen. Dat komt goed uit, want hij trekt over de hoge Himalaya.

De potvis (links) is een echte duikkampioen. Hij kan wel 2,5 km diep duiken en zijn adem 2 uur inhouden. De tuimelaar is kampioen bij de dolfijnen: hij kan minstens 300 meter duiken.

**ECHT STOER WAAR!**

☛ De allerstoerste dieren moeten wel de mannetjes van de keizerspinguïns zijn. Zij overleven temperaturen van wel -40 °C.

☛ Ze kruipen bij elkaar om hun lichaamswarmte te delen. Hun ei houden ze tussen hun voeten.

☛ Na 2 maanden op de open vlakte kunnen ze het ei eindelijk aan het vrouwtje geven. Daarna mogen ze 145 km naar zee lopen voor een hapje eten!

## Lange vluchten

☛ De Noordse stern vliegt ruim 48.000 km per jaar – heen en weer van de Noord- naar de Zuidpool.

☛ De Aziatische goudplevier vliegt zonder te stoppen in 100 uur van Siberië naar de eilanden in de zuidelijke Stille Zuidzee.

☛ Een albatros vliegt soms 4800 km om eten voor zijn jongen te halen.

## Gewichtheffers

➤➤ Mieren kunnen een prooi van 7 keer hun eigen gewicht dragen.

➤➤ Een olifant kan een auto optillen met zijn slurf.

➤➤ Maar het goud gaat naar de neushoornkever, die 850 keer zijn eigen gewicht kan dragen. Vergelijk dat maar met een mens die een tank optilt!

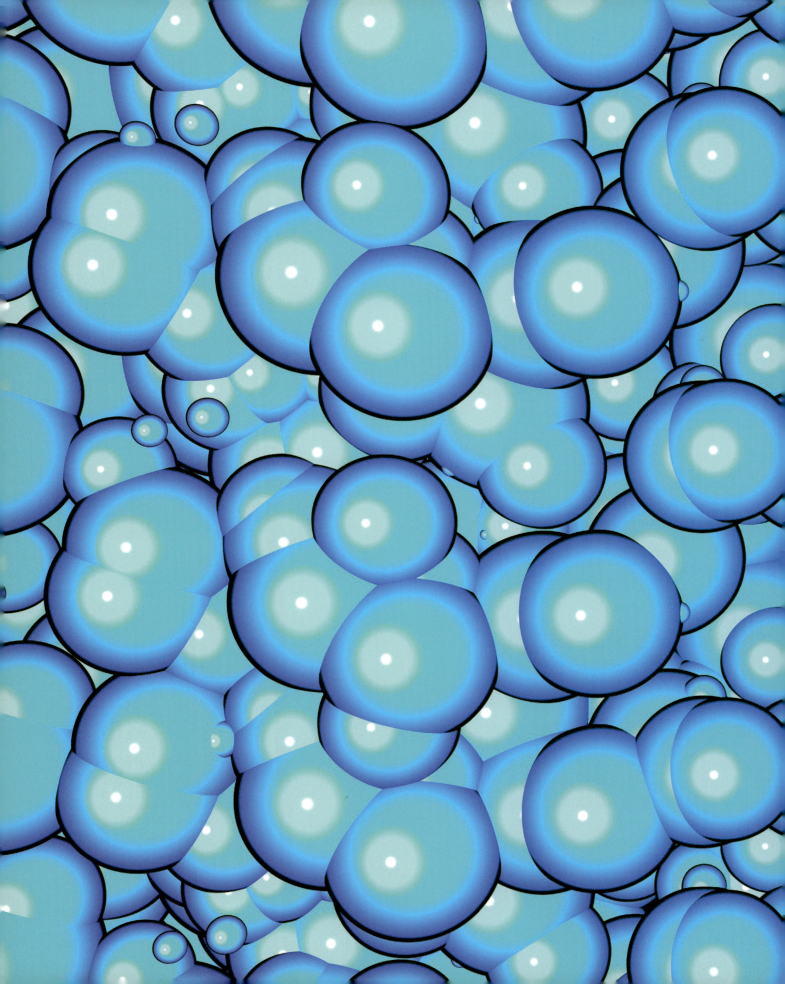

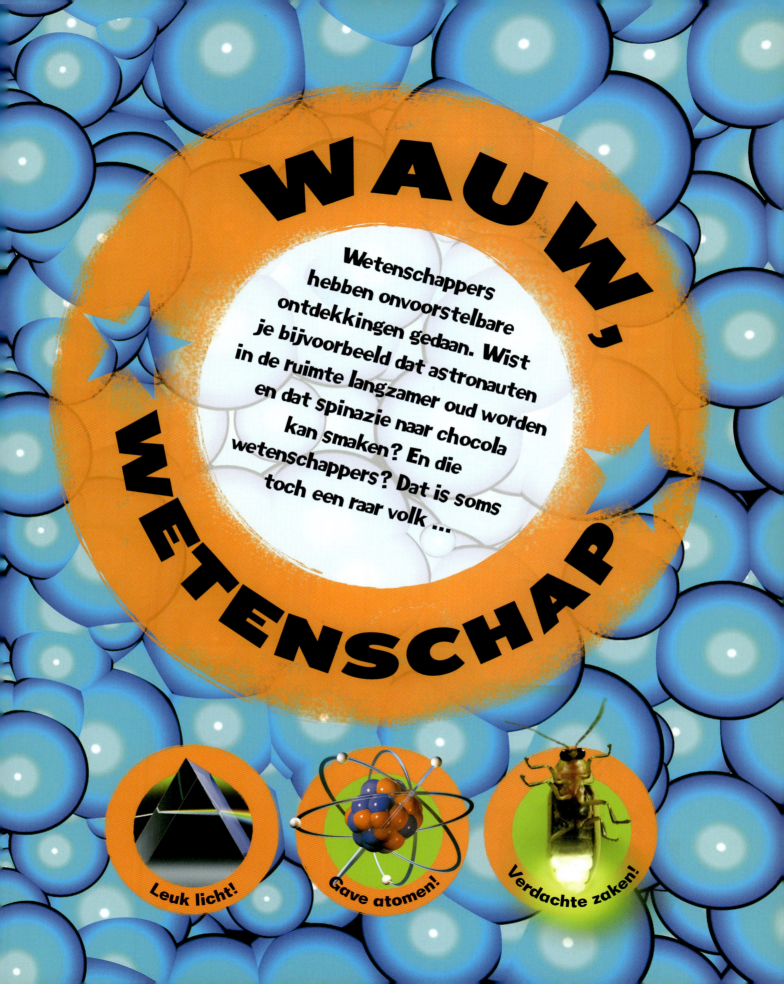

**WAUW, WETENSCHAP**

# Voel de kracht

De zwaartekracht zorgt ervoor dat wij met beide benen op de grond blijven.

## Zwaartekracht in de ruimte

☛ Zonder de aantrekkingskracht van de aarde zou de maan steeds verder van de maan af raken.

☛ Astronauten in een ruimteschip lijken gewichtloos, maar niet doordat ze aan de zwaartekracht op aarde zijn ontsnapt. De zwaartekracht zorgt ervoor dat ze in een baan om de aarde blijven. Ze vallen, maar raken de aarde niet.

☛ In de ruimte maken spinnen scheve webben. Ze hebben de zwaartekracht nodig om een net web te weven.

Als je op een trampoline zou springen zonder dat er zwaartekracht was, zou je niet meer naar beneden komen. Je ging gewoon steeds hoger en stopte pas als je tegen een ster botste.

Doordat de maan klein en licht is, is de zwaartekracht er minder dan op aarde. Zonder hun zware pakken zouden astronauten op de maan wel 3,5 meter hoog kunnen springen.

De planeet Mars heeft 2 kleine manen. Hun zwaartekracht is zo zwak dat je jezelf zou kunnen lanceren door heel hard met je fiets een schans op te rijden.

## Zwaartekracht in het heelal

☛ Zwaartekracht is de aantrekkingskracht tussen alles in het heelal. Hoe meer massa iets heeft, des te sterker het andere dingen aantrekt.

☛ Tussen alle voorwerpen – groot en klein – met massa is aantrekkingskracht.

☛ Als je uit een vliegtuig valt, val je de eerste 15 seconden steeds harder en daarna niet meer. Dat is omdat je niet sneller kunt vallen, je valt met een eindsnelheid. Als je de grond raakt met eindsnelheid, is dat beslist het einde.

☛ Al vallend raak je moleculen, die je afremmen. Hierdoor val je niet sneller dan met eindsnelheid.

☛ Veren vallen langzaam, doordat ze met hun vorm veel luchtmoleculen raken. In 1604 beweerde Galileo dat een veer en een steen zonder lucht even snel zouden vallen. Davis Scott van de Apollo 15 bewees Galileo's gelijk in 1971 op de luchtloze maan.

Parachutespringers spreiden hun armen en lichaam om zoveel mogelijk lucht te raken. Dat doen ze tijdens de vrije val – voor ze hun parachute openen, die nog meer lucht vangt, waardoor ze afremmen.

## WAUW, WETENSCHAP

# Excellente energie

Energie is er in allerlei vormen. Wij kunnen dingen doen door de energie die in ons lichaam is opgeslagen te gebruiken.

Je spieren zetten een deel van de energie in je eten om in warmte. Als je hardloopt, geeft je lichaam evenveel warmte af als 10 lampen.

**ECHT OLIE WAAR!**

☞ Alle belangrijke brandstoffen (olie, gas en kolen) kregen hun energie van het zonlicht, dat lang geleden door planten en zeeorganismen is opgenomen en waaruit de brandstoffen zijn ontstaan.

☞ In de loop van miljoenen jaren, toen deze organismen begraven werden en in brandstof werden omgezet, werd de energie geconcentreerd in koolstof.

☞ Er zitten 100.000 miljoen miljoen miljoen joules energie in de oliereserves op aarde. Dat is een 1 met 23 nullen.

## Universele energie

De hoeveelheid energie in het universum, gemeten in joules, is 4000 miljoen miljoen miljoen miljoen miljoen miljoen miljoen miljoen miljoen miljoen miljoen. Dat is een 4 met 69 nullen! Je wordt al moe van het tellen ...

In een gewoon vat olie zit genoeg energie om 25.000 liter water te koken. Dat is een flinke kop thee!

Heb je wel eens stoom van mest af zien komen? Dat komt doordat er miljoenen microben in zitten. De microben zetten de energie om in warmte, die het vocht doet koken.

## Hoeveel energie?

☛ Energie meten we in joules. 1 joule geeft genoeg energie om een sinaasappel 1 meter op te tillen.

☛ Energie wordt nooit gemaakt of verwoest. Het verandert alleen van vorm.

☛ De hoeveelheid energie in het heelal die de vorm van warmte heeft, neemt echter toe. Het hele heelal warmt dus op en niet alleen de aarde.

Een groot ei bevat zo'n 400.000 joules energie. Als we het over energie in voedsel hebben, doen we dat vaak in termen van duizenden joules, oftewel kilojoules. Een ei bevat 400 kilojoules.

## Voedsel = brandstof

➤➤ Onze energie halen we uit eten, vooral uit suiker en zetmeel houdende producten als pasta, waar ontzettend veel koolhydraten in zitten.

➤➤ Ons lichaam verbruikt voortdurend energie – zelfs als je stilzit. Je verbruikt ongeveer de energie van 1 ei als je een uur tv kijkt!

➤➤ Met 7 uur harde, lichamelijke arbeid verbruik je de energie van ongeveer 10 eieren.

**WAUW, WETENSCHAP**

# Leuk licht

Zonder licht zou ons heelal maar donker zijn.

**ECHT LICHTSNELHEID WAAR!**

☛ Licht is het snelste van het heelal. Licht beweegt met 299.792.458 meter per seconde. Licht reist van de aarde naar de maan in de korte tijd die jij nodig hebt om 'Ho! Wacht even!' te zeggen.

☛ Een lichtstraal van de aarde bereikt in 3 minuten Mars en in 8,5 minuten de zon. Hij heeft 4 jaar nodig om de dichtstbijzijnde ster, Proxima Centauri, te bereiken.

Licht beweegt door water langzamer dan door lucht. Dit betekent dat licht afbuigt als het van lucht door water gaat. Daardoor lijken deze rietjes gebroken.

Fotonen, of lichtdeeltjes, uit de allerverste zonnestelsels zijn ontzettend oud. Ze zoeven al meer dan 12 miljard jaar rond.

## Lichtgolven

☛ Licht reist door het heelal als dunne, onzichtbare energiegolven. Je ziet het licht alleen als het ergens tegenaan komt. Daarom is lege ruimte donker.

☛ Lichtgolven zijn zo kort dat er 14.000 op de nagel van je duim passen.

☛ Lichtgolven worden gevormd door talloze deeltjes die we fotonen noemen, die 600 biljoen keer per seconde zigzaggen.

☛ Op een zonnige dag raken per seconde 1000 miljard lichtfotonen een speldenkop.

## Fluorescentielampen

☛ Fluorescentielampen, zoals tl-buizen, blijven koel en geven een fel wit licht, maar ze flikkeren wel iets. De hoeveelheid licht is dus niet constant, en daar kun je hoofdpijn van krijgen.

☛ Ze produceren minder warmte dan normale lampen en verbruiken dus minder energie.

➳ Wit licht, zoals zonlicht, bevat alle mogelijke kleuren.

➳ Als een straal wit licht door een stuk glas, een prisma, schijnt, valt het uit elkaar in alle kleuren van de regenboog: het zogenoemde spectrum.

## WAUW, WETENSCHAP

# Gave atomen

We dachten altijd dat niets kleiner was dan een atoom. Toen vonden we kleinere deeltjes. En daarna nóg kleinere ...

### Structuur van atomen

☛ Wetenschappers dachten ooit dat er niets kleiner dan een atoom was. Toen ontdekten ze dat atomen bestaan uit andere deeltjes: elektronen, protonen en neutronen.

☛ Binnen in het atoom zit een dichte kern, de nucleus, die is gevuld met protonen en neutronen. Eromheen zoeven wat elektronen, die nóg kleiner zijn.

Een atoom is een bijna lege ruimte. Als de kern een voetbal midden in het stadion was, zouden de elektronen erwtjes zijn die langs de tribune vlogen.

### Machtige atomen

☛ Hoewel ze vooral uit lege ruimte bestaan, zijn de meeste atomen onverwoestbaar.

☛ De meeste atomen zijn miljarden jaren geleden ontstaan in sterren.

☛ De atomen in je lijf zijn ontstaan in sterren en werden door het heelal verspreid toen de sterren ontploften. We zijn dus allemaal gemaakt van sterrenstof.

☛ Heel grote atomen, zoals uranium, verliezen langzaam hun deeltjes en veranderen in andere atomen; dat noemen we radioactieve desintegratie.

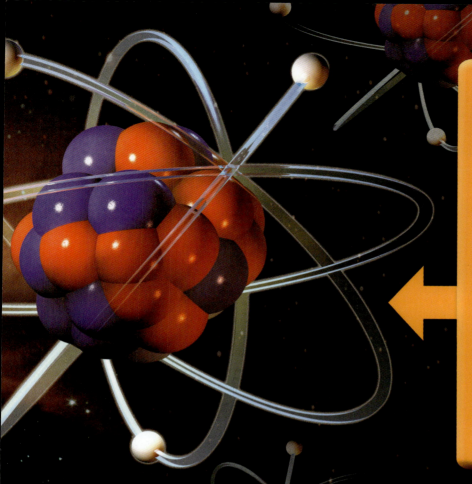

☞ **Wetenschappers hebben pas nog honderden deeltjes ontdekt die kleiner dan een atoom zijn.** En ze ontdekken er steeds meer.

☞ De kleinste deeltjes zijn waarschijnlijk de quarks. Protonen en neutronen bestaan uit quarks. Als protonen zo groot als druiven waren, waren de quarks niet dikker dan een haar.

☞ Quarks hebben heel gekke namen gekregen: Strange (vreemd), Charm (bekoring), Truth (waarheid), Beauty (schoonheid) ...

## Minidingetjes

☞ Op de punt aan het eind van deze zin passen 2 miljard atomen.

☞ Er zitten 450 biljoen atomen in je hoofd.

☞ Het aantal atomen in het heelal is ongeveer een 1 met 80 nullen.

☞ Atomen vormen samen grotere moleculen die verschillende substanties vormen. 2 waterstofatomen plus 1 zuurstofatoom bijvoorbeeld vormen samen water.

## Meer deeltjes

✏ Er zijn deeltjes met een zwakke kernkracht; dit noemen we de bosonen.

✏ Sommige deeltjes zijn goed in het vastplakken van protonen en neutronen. Deze noemen we gluonen, naar het Engelse woord voor 'lijm': glue.

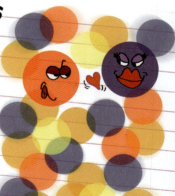

# WAUW, WETENSCHAP

# Verdachte stoffen

Sommige chemicaliën en materialen kunnen heel erg rare dingen doen.

**ECHT STOFFEN WAAR!**

☛ Bijna alle substanties (stoffen) nemen in omvang toe als ze warm worden. Maar $Zr(WO_4)_2$ krimpt – men weet niet waarom!

☛ 'Stemmingsringen' veranderen van kleur als de temperatuur verandert doordat ze thermotrope substanties bevatten. Dat zijn kristallen die draaien door temperatuurverschillen. Als ze draaien, reflecteren of absorberen ze verschillende kleuren licht.

☛ Als het tot -458 °C gekoeld wordt, wordt helium niet alleen vloeibaar, het glijdt zelfs omhoog.

☛ Custard (vla) is even heel hard als je ertegen slaat. Zo'n substantie die hard wordt onder druk noemen we een *non-newtonian fluid*.

## Geurtje

✎ In de Tweede Wereldoorlog bestreed het Franse verzet de Duitsers met bommen waar een stinkende substantie in zat.

✎ Een van de ergst stinkende natuurlijke moleculen is butylmercaptaan of butaanthiol: de lucht die stinkdieren produceren om aanvallers af te schrikken.

✎ Om luchtverfrissers te testen ontwikkelden Amerikaanse onderzoekers een luchtje dat als poep rook. Ze noemden het de Officiële Overheidstoiletstank.

➤➤ Ongebluste kalk wordt wel in het riool gebruikt om alle vloeibare poep uit te drogen.

➤➤ Een andere naam voor ongebluste kalk is calciumoxide. Het goedje ziet eruit als een wit poeder.

## Licht in de duisternis

☞ Vuurvliegjes, bepaalde bacteriën en plankton geven licht in het donker, want hun lijf bevat het natuurlijke luciferine. Die luciferine geeft energie in de vorm van licht als hij samengaat met zuurstof.

☞ Halverwege de 19de eeuw slikten mensen pillen met fosfor om slimmer te worden. Maar het enige effect was dat ze een beetje licht gaven in het donker.

☞ Modern papier wordt behandeld met fluorescerende bestanddelen, zodat het witter lijkt. Als 'oude' documenten dus fluorescerend zijn onder een uv-lamp, dan zijn ze vervalst.

De kinine in tonic is fluorescerend. Dit zorgt ervoor dat elk drankje waar tonic in zit in het donker heel lichtjes blauw schijnt.

## Joepie, scheikunde

☞ Scheikunde of chemie houdt zich bezig met de studie van samenstelling en bouw van stoffen, de chemische veranderingen onder bepaalde omstandigheden en de wetmatigheden die daaruit af te leiden zijn.

☞ Alfred Nobel was een Zweedse scheikundige en ingenieur. Hij vond het dynamiet uit en aan hem danken we de jaarlijkse Nobelprijzen.

☞ De Nederlanders Crutzen (1995), Debye (1936) en Van 't Hoff (1901) hebben een Nobelprijs voor de scheikunde gewonnen.

**WAUW, WETENSCHAP**

# Wetenschap op het randje

Zelfs de slimste wetenschappers hebben soms moeite om die duizelingwekkende theorieën te bevatten.

Naast de 3 dimensies die we zien, is er nog een 4de, tijd, die we kunnen ervaren. Misschien kent het heelal nog wel 6 of 7 dimensies die we helemaal niet voelen.

## Einstein voor astronauten

Relativiteitseffecten zijn echt en niet zomaar een theorie. Toen astronauten naar de maan gingen, raakte de klok in hun ruimteschip een paar seconden kwijt. Die klok was niet stuk – ze reisden gewoon zo snel dat de tijd langzamer ging. Toen de astronauten terug op aarde waren, waren ze een paar tellen jonger dan als ze niet op reis waren geweest.

**ECHT RELATIEF WAAR!**

☛ Volgens Einsteins speciale relativiteitstheorie zijn alle snelheden relatief, behalve die van het licht. Die is altijd hetzelfde, hoe je hem ook meet.

☛ Einstein bedacht de 'ruimte-tijd', want volgens zijn relativiteitstheorie kon je tijd en ruimte niet los van elkaar zien, hoe je ze ook meet.

Dit zijn sporen die zijn achtergelaten door snel bewegende subatomische deeltjes in een 'bellenvat'. De deeltjes kunnen we niet zien; we weten alleen dat ze bestaan doordat we een dergelijk effect kunnen zien.

## Alles is relatief

☛ Als ruimteschepen snel genoeg konden reizen, zouden Einsteins theorieën aantonen dat ze de ruimte-tijd zouden verstoren omdat ze in de buurt komen van de snelheid van het licht.

☛ De verstoring van ruimte-tijd door die snelle ruimteschepen betekent dat ze steeds kleiner zouden worden. Als ze ooit zo snel als het licht zouden kunnen, wat volgens Einstein niet kan, zouden ze tot niets krimpen.

☛ De klok in een ruimteschip zou trager tikken omdat de tijd wordt uitgerekt. Als het ruimteschip de snelheid van het licht zou halen, zou de tijd zelfs stilstaan.

Een eeuw geleden stond de wetenschap op zijn kop door 2 theorieën: de relativiteitstheorie en de kwantumtheorie. De kwantumtheorie gaat erover dat dingen die kleiner zijn dan atomen anders bewegen dan grotere dingen. Vreemde kwantumeffecten maakten lasers mogelijk.

203

## WAUW, WETENSCHAP

# Tijdreizigers

Zal de mens ooit door de tijd kunnen reizen? Ontdek het nu ... of misschien nooit.

### De tijdmachine

Een beroemd verhaal over tijdreizen is geschreven door H.G. Wells. *De tijdmachine* uit 1895 werd in 1960 verfilmd. Het gaat over een toekomst met prachtige mensen, Eloi, die boven de grond een heerlijk leven leiden, terwijl de lelijke Morlocks ondergronds zwoegen.

### ECHT TIJD WAAR!

☛ Als tijdreizen mogelijk was, wat zou er dan gebeuren als je terug in de tijd ging en je grootouders vermoordde? Jij en je ouders zouden dan niet geboren worden. Maar ... wie heeft je grootouders dan vermoord?

☛ Einstein meende dat tijdreizen niet kon. Volgens hem zou je dan sneller dan het licht moeten gaan, en dat kan niet. Als je even snel als het licht ging, zou de tijd stilstaan en zou jij niet leven. Sommige wetenschappers zijn het niet eens met hem, maar bewijs is er (nog) niet.

### De Tiplercilinder

De Amerikaanse astronoom Frank Tipler denkt dat je een tijdmachine kunt bouwen met een stuk superdicht materiaal – materiaal met een massa die 10 keer zo groot is als die van de zon. Rol er een rietje van een paar miljard kilometer lang van en laat het draaien met een paar miljard omwentelingen per minuut. Als het hard genoeg draait, buigt het ruimte-tijd en kun je met je ruimteschip langs de wand reizen. Je schip is bijna meteen duizenden of zelfs miljarden jaren verderop. Simpel toch?

De meeste wetenschappers zeggen dat reizen naar de toekomst mogelijk moet zijn – naar het verleden niet. Als dat waar is, verklaart dat waarom we nog nooit bezoek hebben gehad van reizigers uit de toekomst.

### Tijd krommen

✎ Einstein liet zien dat zwaartekracht de ruimte-tijd kromt. Een tijdmachine zou misschien ook kunnen werken door ruimte-tijd door de zwaartekracht te buigen.

✎ Tijdreizen zou misschien kunnen door zwarte gaten te gebruiken, plaatsen waar de zwaartekracht zo sterk is, dat alles erin wordt gezogen, ook licht.

✎ Zwarte gaten kunnen de juiste weg zijn als je een kortere weg zoekt door ruimte-tijd – een 'wormgat'.

Sommige wetenschappers menen dat er voor elk moment meerdere toekomsten mogelijk zijn – die allemaal kunnen gebeuren. Dit is de theorie van de parallelle universums.

## WAUW, WETENSCHAP

# Gekke onderzoekers

**Soms zijn de slimste mensen ook de allergekste!**

### Sir Isaac Newton
Aan het eind van zijn leven ging Newton een beetje raar doen. Misschien kwam dat doordat hij een kwikvergiftiging had opgelopen tijdens de vele experimenten.

### Newtons hond
Sir Isaac Newton was gek op zijn hond Diamond. Maar Diamond stootte eens een kaars om, waardoor er 20 jaar werk van Newton verbrandde. Het enige wat Newton zou hebben gezegd was: 'O Diamond, Diamond, ge hebt geen idee welk een kwaad ge hebt aangericht.'

### Charles Darwin
👉 Deze grote natuurkenner verzamelde zeepokken. Hij had er wel 10.000!

👉 Als jonge man leerde Darwin van de slaaf John Edmonstone hoe hij dode dieren moest opzetten, waaruit zijn liefde voor de natuur ontstond.

## ECHT GEK WAAR!

☛ Toen het zusje van Albert Einstein werd geboren, zei zijn moeder dat hij later leuk met haar kon spelen. Hij bekeek de baby en vroeg toen waar de wielen zaten ...

☛ Andrew Crosse (1784–1855) stond model voor de gekke wetenschapper Frankenstein. Hij liet een elektrische stroom door een chemische oplossing gaan en er verschenen levende mijten in. Het verhaal ging vervolgens dat Crosse 'leven' had gecreëerd.

☛ De Zwitserse alchemist Paracelsus (1493–1541) zei dat hij een kunstmatig mensje had gemaakt: een homunculus.

☛ Op zijn sterfbed zou de alchemist Heinrich Agrippa (1486–1535) een boze zwarte duivelshond hebben geschapen, die later model stond voor de Grim van Harry Potter.

☛ Josef Papp was een Canadees-Hongaarse ingenieur die in de jaren 1960 beweerde een atoomonderzeeër te hebben gebouwd in de garage van een vriend. Hij zou er ook de Atlantische Oceaan mee overgestoken hebben.

☛ De briljante natuurkundige Richard Feynman gebruikte een café als zijn kantoor. Hij schreef ingewikkelde natuurkundige vergelijkingen op de bierviltjes. Als kind liep hij achter en hij praatte pas toen hij 3 was.

### Henry Cavendish

☛ De grote 18de-eeuwse wetenschapper Cavendish droeg vaak kleren van een eeuw oud.

☛ Cavendish bewaarde al zijn boeken in zijn bibliotheek 6,5 km verderop. Op die manier werd hij thuis niet steeds lastiggevallen door mensen die een boek van hem wilden lenen.

De bioloog Richard Owen, die het woord 'dinosaurus' bedacht, was dol op snijden in lijken. Op een dag wilde hij dolgraag het hoofd van een dode crimineel. Hij kocht een bewaker om en kreeg het hoofd mee, maar onderweg gleed hij uit en het hoofd viel op de grond.

# WAUW, WETENSCHAP

# En toen ... eureka!

**Soms komen de meest briljante ideeën letterlijk uit de lucht vallen.**

## ECHT YES!! WAAR!

☛ In 1895 ontdekte Wilhelm Röntgen een straling uit een lichtbuis in een gesloten zwarte doos. Hij ontdekte zo de röntgenstraling, die dwars door dingen heen kan gaan. Later scheen hij het licht op de hand van zijn vrouw en maakte hij een foto van haar botjes.

☛ William Harveys ontdekking in de jaren 1620 dat het hart bloed door het lichaam pompt, was waarschijnlijk geïnspireerd door een waterpomp – toen iets nieuws.

☛ Toen Arno Penzias en Robert Wilson ontdekten dat er overal in het heelal microgolven waren – de echo van de oerknal – dachten ze eigenlijk dat het signaal werd veroorzaakt door duivenpoep op hun antenne.

## Sprekend?

☛ Toen hij een kaart zag van de microgolven in de ruimte, zei de wetenschapper George Smoot: 'Het is alsof we God in de ogen kijken', want het patroon toonde het heelal ten tijde van de oerknal.

## Legendarische inspiratie

✎ Het verhaal gaat dat Archimedes in bad zat toen hij de theorie voor de opwaartse kracht ontwikkelde. Hij rende opgewonden en naakt door de straten en riep: 'Eureka!' – Grieks voor 'Ik heb het'.

✎ Het verhaal gaat ook dat Newton zijn theorie over de zwaartekracht bedacht toen hij onder een appelboom zat en er een appel op zijn hoofd viel.

Ooit dacht men dat er in het heelal maar 1 zonnestelsel was. Maar op een nacht in 1923 besefte Edwin Hubble dat Andromeda zo ontzettend ver weg was dat het wel een apart zonnestelsel moest zijn. Nu weten we dat er miljarden verschillende zonnestelsels zijn.

### Dromers

☞ De Duitser August Kekulé ontdekte de ringstructuur van het benzeenmolecuul in 1865, toen hij zat te dagdromen over een slang die in zijn eigen staart beet.

☞ In februari 1869 viel Dmitri Mendelejev op zijn bureau in slaap; hij droomde over tabellen. Toen hij wakker werd, bedacht hij dat hij de scheikundige elementen in een tabel kon zetten op volgorde van hun atoomnummer.

Einstein bedacht zijn relativiteitstheorie toen hij in de spiegel keek en zich afvroeg of zijn spiegelbeeld zou verdwijnen als hij sneller dan het licht ging.

## WAUW, WETENSCHAP

# Dat je dát dacht!

**Zelfs de allerslimsten zitten er soms flink naast.**

In 1895 zei Lord Kelvin, de voorzitter van de Engelse wetenschappers: 'Machines die zwaarder dan lucht zijn, kunnen niet vliegen.' Een generatie later waren vliegtuigjes als dit heel gewoon.

## Er was er eens ...

✎ In 1650 werd er officieel berekend dat de aarde was ontstaan op de avond voor de 23ste oktober 4004 v.C.

✎ In de 18de eeuw dachten wetenschappers dat de mysterieuze stof flogiston de rook veroorzaakte als er iets verbrandde.

✎ 300 jaar geleden dachten de mensen dat spieren buskruit bevatten, dat ontplofte, waardoor de mens kon bewegen.

### ECHT CITAAT WAAR!

☛ 'De telefoon kent te veel tekortkomingen om als serieus communicatiemiddel te worden beschouwd. We kunnen er dus niets mee.' (de Amerikaanse bank Western Union, 1876)

☛ 'De draadloze muziekdoos heeft geen enkele commerciële waarde. Wie wil er nu betalen voor een boodschap die niet specifiek aan iemand is gericht?' (de reactie van David Sarnoffs zakenpartners op zijn voorstel in de radio te investeren, jaren 1920)

☛ 'Wie wil er nu in vredesnaam acteurs horen praten?' (Harry M. Warner van Warner Brothers, 1927, over films met geluid)

☛ 'Over een jaar of 2 behoort spam tot het verleden.' (Bill Gates, voormalig baas van Microsoft, 2004)

Over Robert Goddard, de uitvinder van de raket, schreef de *New York Times* dat hij de basiskennis miste die elke leerling gewoon op de middelbare school opdeed.

## Steen der wijzen

☛ Duizenden jaren probeerden alchemisten uit de hele wereld waardeloze materialen als lood te veranderen in kostbare, zoals goud.

☛ In de 8ste eeuw zei de Arabische alchemist Jabir ibn Hayyan dat je metalen kon veranderen in goud door een rood poeder van een bepaalde steen te gebruiken. Die steen werd 'de steen der wijzen' genoemd en veel mensen wijdden hun leven aan de zoektocht ernaar.

☛ In 1980 veranderde de kernfysicus Glenn Seaborg in een kernreactor bismut (een zwaar metaal) in goud.

## Computers

➡ 'Ik denk dat er een markt is voor maximaal 5 computers.' (voorzitter van **IBM**, 1943)

➡ 'Er is geen enkele reden waarom een gewoon mens thuis een computer zou moeten hebben.' (voorzitter van **DEC**, 1977)

**WAUW, WETENSCHAP**

# Talloze getallen

We hebben ontelbaar veel getallen bedacht sinds we op onze vingers begonnen te tellen.

## Oude wiskundigen

☛ Toen de Griek Thales ontdekte dat een driehoek in een halve cirkel een rechte hoek heeft, vierde hij dat door een stier te offeren.

☛ Archimedes bedacht het 'zandgetal', een methode om zeer grote getallen te noteren. Tot die tijd was dat onmogelijk.

☛ Vroeger kon wiskunde levensgevaarlijk zijn. Hypatia uit Alexandrië werd in 415 n.C. vermoord omdat hij lesgaf over ideeën die de autoriteiten niet aanstonden. Volgens haar studenten werd haar vlees met oesterschelpen van haar botten geschraapt.

| 16 | 3  | 2  | 13 |
|----|----|----|----|
| 5  | 10 | 11 | 8  |
| 9  | 6  | 7  | 12 |
| 4  | 15 | 14 | 1  |

## Magische getallen

☛ De sudoku is gebaseerd op de magische vierkanten die zo'n 4000 jaar geleden in China werden ontwikkeld. De getallen in elke rij, kolom en diagonaal zijn opgeteld gelijk.

☛ Toen hij de voortplanting van konijnen bestudeerde, ontdekte Fibonacci een reeks waarin elke term de som is van de twee voorafgaande getallen: 1, 1, 2, 3, 5, 8, 13, 21, 34, 55, enz. Het aantal bloemblaadjes van een zonnebloem komt altijd uit die fibonaccireeks.

## Grote en kleine getallen

✏️ Een prefix bestaat uit letters die voor een woord of getal komen. Sommige prefixen beschrijven grote getallen: mega (1 met 6 nullen), giga (1 met 9 nullen), tera (12 nullen), peta (15), exa (18), zetta (21) en yotta (24).

✏️ De prefixen voor de kleinste getallen zijn micro (0 met 6 nullen na de komma), nano (9 nullen), pico (12), femto (15), atto (18), zepto (21) en yocto (24).

**ECHT GROOT WAAR!**

👉 Een standaard kaartspel van 52 kaarten kan op 806 miljoen miljard miljard miljard miljard miljard miljard verschillende manieren gedeeld worden (806 met 60 nullen).

👉 De astronoom Sir Arthur Eddington schatte dat er 15.747.724.136.275.002.577.605.653.961.181.555.468.044.717.914.527.116.709.366.231.425.076.185.631.031.296 protonen in het heelal waren. Een ambitieuze berekening, die ook nog eens fout was ...

👉 Het grootste getal dat voor Nederlanders in woorden uit te drukken is, is honderd novenonagintanongentiljard. Dat is het getal $10^{3002}$.

De Griekse nerd Zeno bewees aan de hand van logica dat Achilles een schildpad nooit kan inhalen als de schildpad een voorsprong krijgt. Dit noemen we een paradox, want we weten dat het niet waar kan zijn.

## WAUW, WETENSCHAP

# Deze en gene(n)

Genen zijn de unieke code in onze cellen die maakt dat we zijn wie we zijn.

**ECHT GENEN WAAR!**

☞ In elke cel in elk levend organisme zit een sliertje van een stofje: DNA. Het DNA in al onze lichaamscellen bevat alle informatie die nodig is om een nieuwe versie van jou te maken.

☞ DNA bevat instructies voor elk onderdeeltje van jou. Die instructies heten genen.

☞ Je lichaamscellen bevatten elk zo'n 23.000 genen. Maar wij zijn niet de enige ingewikkelde wezens: een draadworm heeft 20.000 genen en een mosterdplantje zelfs 27.000!

Een vrouw beweerde jarenlang dat ze Anastasia was, de verloren Russische dochter van de tsaar die met zijn gezin in 1917 was vermoord. Toen haar DNA werd vergeleken met afstammelingen, bleek het niet waar te zijn.

Genetische manipulatie of modificatie houdt in dat de mens de genen van een organisme verandert. In 1985 deed men menselijke groeigenen in een varken, dat vervolgens zo groot werd dat het artritis kreeg.

Sommig DNA (mitochondriaal DNA) verandert amper in de loop der tijd. Het wordt gebruikt om onze afstamming te onderzoeken: we weten nu dat we afstammen van een vrouw die 250.00 jaar geleden in Afrika leefde.

➤➤ Wetenschappers zouden spinazie of spruitjes zo kunnen veranderen dat het naar chocola smaakt. Dat zou een hoop drama's aan tafel voorkomen. Ze proberen ook uien te ontwikkelen waarvan je niet gaat huilen.

➤➤ Franse wetenschappers gaven de genen van een kwal aan een konijn, zodat het in het donker oplichtte.

## Draaierig DNA

In 1953 ontdekten Rosalind Franklin, Francis Crick, Maurice Wilson en James Watson dat DNA op een gedraaide touwladder lijkt: een dubbele helix noemen we dat.

## Suïcidale aardappels

Halverwege de jaren 1990 ontdekten wetenschappers een slimme manier om te voorkomen dat schimmel zich verspreidde onder de aardappeloogst. Ze spoten het gen voor het stofje barnase in de aardappelplanten. De planten gingen barnase produceren wanneer ze werden aangevallen door de schimmel. De barnase doodt de plant. De aangetaste plant pleegt dus eigenlijk zelfmoord, zodat de schimmel niet verspreid wordt.

Een zelfscherend schaap! Da's pas handig! dachten Australische wetenschappers. Ze gaven de schapen genen die ervoor zorgen dat het haar bij een bepaalde lengte vanzelf uitviel. Slim? Nee, want de arme dieren raakten vreselijk verbrand door de zon.

**215**

# De droge feiten

## Complex lijf

☛ Zwaarste orgaan: huid, 2,2 tot 4 kg.
☛ Grootste cel: megakaryocyten in het beenmerg, 0,2 mm doorsnee.
☛ Kleinste cel: neuron, in de hersenen, 0,005 mm doorsnee.
☛ Sterkste gewricht: heup.
☛ Grootste spier: gluteus maximus, in de billen.
☛ Kleinste spier: stapedius, binnenoor.
☛ Langste spier: sartorius, binnenkant dij.
☛ Breedste spier: buitenste schuine buikspier.
☛ Grootste bloedvat: aorta, ongeveer de afmeting van een tuinslang.
☛ Luidste boer ooit: 118,1 decibel.
☛ Langste baard ooit: 4,87 meter, van de Noor Hans Langseth.
☛ Langste nagels ooit: opgeteld 701 cm, van de Indiër Sridhar Chillal.
☛ Oudste mens ooit, met bewijs: Jeanne Calment uit Frankrijk, stierf in 1997 op de leeftijd van 122 jaar.
☛ Oudste man ooit, met bewijs: de Deen Christian Mortensen, stierf in 1998 op de leeftijd van 115 jaar.

## Ziek of gezond

☛ Eerste huidtransplantatie: India in de 6de eeuw v.C.
☛ Eerste succesvolle amputatie onder verdoving: Londen, 1847.
☛ Dodelijkste epidemie ooit: de pest, die 25 miljoen slachtoffers eiste tussen 1347 en 1351.
☛ Snelste amputatie: door de Britse chirurg Robert Liston, die een been afzaagde in 28 seconden.
☛ Meest voorkomende ziekte: verkoudheid.
☛ Dodelijkste ziekte waarvoor een behandeling is: tbc.
☛ Besmettelijkste ziekte: mazelen.
☛ Eerste succesvolle niertransplantatie: door R.H. Lawler, in Chicago, Illinois, VS, in 1950.
☛ Eerste succesvolle harttransplantatie: door Christiaan Barnard, in Kaapstad, Zuid-Afrika, in 1967.
☛ Eerste succesvolle hart- en longtransplantatie: door Bruce Reitz uit Stanford, VS, in 1981.
☛ Eerste handtransplantatie: door de Fransman Jean-Michel Dubernard, in 1998.
☛ Eerste bionische ledemaat: aangezet bij Jesse Sullivan uit de VS in 2002.

# Dit geloof je niet!

☛ Gekste Romeinse keizer: Caligula (12–41 n.C.) die 's nachts door zijn paleis zwierf en de zon beval op te komen.
☛ Langst regerende koning: Pepi II van Egypte (2275–2175 v.C.), 94 jaar.
☛ Enige tienermeisje dat ooit een leger aanvoerde: Jeanne d'Arc. Zij leidde de Fransen tegen de Engelsen in 1429.
☛ Eerste crimineel die werd gepakt dankzij de morsecode: dr. Crippen in 1910, toen er een boodschap werd gestuurd naar het schip waarmee hij wilde vluchten.
☛ Eerste extreem actieve seriemoordenaar: de Britse huisarts Harold Shipman. Hij doodde minstens 215 maar misschien veel meer patiënten.
☛ Rijkste mens op aarde: Bill Gates, oprichter van Microsoft, 60 miljard dollar.
☛ Eerste man die de 100 meter in minder dan 10 seconden liep: Jim Hines uit de VS in 1968.
☛ Eerste man die 1 mijl in minder dan 4 minuten liep: de Brit Roger Bannister in 1954.
☛ Jongste nummer 1 in golf: Tiger Woods, 21 jaar oud.
☛ Hoogste IQ ooit gemeten: de Amerikaanse Marilyn vos Savant met 230.

# Mens en wereld

☛ Eerste wolkenkrabber: Home Insurance Building, Chicago, in 1885.
☛ Hoogste gebouw ter wereld: sinds 2008 de Burj Dubai in Dubai, die uiteindelijk 818 meter hoog wordt.
☛ Grootste stad: Tokyo, 35,5 miljoen inwoners.
☛ Allereerste patent: gegeven aan Filippo Brunelleschi in Florence, in 1421, voor een type schuit.
☛ Eerste toilet met doortrekken: kasteel Ehrenburg, Duitsland, in 1860, alleen voor gebruik door koningin Victoria.
☛ Eerste antibioticum: Alexander Fleming in 1928, penicilline.
☛ Eerste motorisch aangedreven vlucht: broers Orville en Wilbur Wright op 17 december 1903 in North Carolina, VS.
☛ Eerste magneetzweeftrein (maglev): van vliegveld Shanghai naar het stadscentrum, China; in gebruik sinds 2004.
☛ Eerste auto in massaproductie: Ford Model T, in 1905.
☛ Best verkopende auto aller tijden: VW Kever, 20 miljoen verkocht.
☛ Krachtigste computer ter wereld: Blue Gene/L, met een rekensnelheid van 360 tera-FLOPS (1 tera-FLOPS = 1 biljoen berekeningen per seconde).

## Aarde en ruimte

☛ Gemiddelde temperatuur in de oceanen: 17 °C.
☛ Grootste woestijn op aarde: Sahara.
☛ Eerste mens op de Mount Everest die levend terugkeerde: Edmund Hillary en Tensing Norgay op 29 mei 1953.
☛ Kortste rivier: North Fork Roe River in Montana, VS, 16,45 meter lang.
☛ Actiefste vulkaan: Kilauea op Hawaii, voortdurend actief sinds 1983.
☛ Grootste vulkaan: Mauna Loa op Hawaii, krater 3 bij 5 km.
☛ Hardste organismen: extremofielen, die misschien ook op Mars leven.
☛ Grootste planeet in ons zonnestelsel: Jupiter, 1321 keer zo groot als de aarde.
☛ Kleinste planeet: Mercurius, 5% van de grootte van de aarde.
☛ Koudste plek in ons zonnestelsel: op Triton, maan van Neptunus, oppervlaktetemperatuur van -236 °C.
☛ Ster dichtst bij de aarde: Proxima Centauri, 4,22 lichtjaren verderop.
☛ Helderste ster aan de nachtelijke hemel: Sirius, 8,6 lichtjaren verderop.
☛ Aantal mensen op de maan: 12, allen tussen 1969 en 1971. De eerste was Neil Armstrong, enkele minuten later gevolgd door Buzz Aldrin.
☛ Spectaculairste meteorietenregen: de Leoniden, vindt elke 33 jaar plaats als een komeet langs de aarde scheert.

## Absurde natuur

☛ Dodelijkste tornado in de VS: Tri-State in 1925, 695 doden.
☛ Dodelijkste storm van de 20ste eeuw: Bangladesh, 1970, ruim 250.000 doden.
☛ Hardste windvlaag: 371 km/uur op Mount Washington, New Hampshire, in 1934.
☛ Grootste wolken: cumulonimbussen, tot 19,3 km hoog.
☛ De kans dat 2 sneeuwvlokken er exact hetzelfde uitzien: $10^{158}$ tegen 1 van niet.
☛ Koudste temperatuur ooit gemeten: -89 °C op Antarctica.
☛ Grootste bos: 10,4 miljoen vierkante kilometer in Siberië.
☛ Oudste nog levende boom: een spar in het Zweedse Dalarna, 9550 jaar oud.
☛ Kleinste bloeiende plant: *Wolffia arrhiza*, nog geen 1 mm doorsnee.
☛ Grootste vleesetende plant: *Nepenthes*, met dierenvallen van soms wel 30 cm groot.
☛ Grootste levende organisme: een zwam die voorkomt in Oregon, VS, onder de grond leeft en is verspreid over 8,9 vierkante kilometer.

# Vreemde vogels

☞ Zwaarste levende vogel: struisvogel, 136 kg.
☞ Zwaarste vogel die kan vliegen: grote buizerd, 18,1 kg.
☞ Kleinste zoogdier: hommelvleermuis, die ongeveer 2 g weegt.
☞ Snelste landdier: cheeta, die 113 km/uur kan rennen.
☞ Grootste zwerm sprinkhanen ooit geregistreerd: 10 miljard, in Kenia in 1954.
☞ Oudste soort vis: coelacant, 350 miljoen jaar oud.
☞ Grootste en langst levende schildpad: lederschildpad, kan 170 jaar oud worden.
☞ Grootste reptiel: zoutwaterkrokodil, tot 4,57 meter lang.
☞ Kleinste reptiel: dwerggekko, minder dan 2,5 cm lang.
☞ Grootste dier: blauwe vinvis, tot 30,5 meter lang en 200.000 kg zwaar.
☞ Grootste landdier: Afrikaanse olifant, tot 9100 kg zwaar.
☞ Verste springer in verhouding tot zijn lengte: Florida krekelkikker, die 183 cm ver kan springen – dat is 60 keer zijn lichaamslengte (2,5 cm).

# Wauw, wetenschap

☞ Kleinste bekende deeltje: quark.
☞ Normale eindsnelheid van een parachutist: 195 km/uur.
☞ Eindsnelheid als de parachutist zijn armen en benen intrekt: 322 km/uur.
☞ Kracht van de aantrekkingskracht van de maan: 17% van die van de aarde.
☞ Kleinste eenheid van gewicht: yoctogram, gebruikt om subatomische deeltjes te wegen.
☞ Grootste eenheid van gewicht: yottagram, dat is 1.000.000.000.000.000.000.000.000 gram.
☞ Hoeveelheid energie die een gewone lamp in licht omzet: ongeveer 5%.
☞ Hoeveelheid energie die een gemiddelde volwassene per dag nodig heeft: 8000 kilojoules.
☞ Snelheid van het licht: ruim 299.792 km/seconde.
☞ Eerste boek over tijdreizen: *Memoirs of the Twentieth Century* (memoires van de 20ste eeuw), 1733, Samuel Madden.
☞ Langste ononderbroken laboratoriumexperiment: op de universiteit van Queensland in Australië, waar sinds 1930 pek door een gat druppelt in een tempo van 1 druppel per 10 jaar.
☞ Grootste bekende priemgetal: $2^{43.112.609}$, bestaat uit 12.978.189 cijfers.

# Register

## A
aardbevingen 122–123
acne 51
aderlaten 36
alchemie 211
Alexander de Grote 62, 80
Amazone, rivier 120
amputatie 40, 79
Antarctica 117, 150, 154
antibiotica 18, 52, 94
apen 170, 178
Archimedes 208, 212
aspirine 53
asteroïde 132
astronauten 134, 135, 192, 202
atomen 198–199
auto's 75, 96, 110–111

## B
baarden 17
baby's 27, 32–33
bacteriën 27, 30–31, 46, 51, 52
Bangladesh 145, 146
bankovervallers 73
Beethoven, Ludwig van 70
bergen 114, 115, 118–119, 152
bevers 177
Biggs, Ronnie 73
bijen 173, 177, 181, 186, 187
bionische lichaamsdelen 58–59
bliksem 148–149
bloed 15, 24–25, 35, 47
bloedtransfusies 41
bloedzuigers 52
bloemen 152, 153, 154–155, 159, 163
boeren 29
Bokassa, Jean-Bedél 69
Bolívar, Simón 63
bomen 152, 156–157
Bonnie en Clyde 73
braken 28–29
brandstoffen 194
Brasilia 88
broeikaseffect 146
builenpest 42, 43
burgerrechtenbeweging 65
Burj Dubai 91
Bush, George W. 83

## C
cactussen 152
Caesar, Julius 62
Caligula, Romeinse keizer 68
camouflage 183
Capone, Al 73
Cavendish, Henry 207
China 36, 38, 147
chirurgie 11, 37, 40–41, 54–57
cholera 45, 101
Columbus, Christopher 49, 63
Commodus, Romeinse keizer 66
componisten 70, 80
computers 59, 98, 102–103, 211
Cook, kapitein James 63
criminelen 72–73, 76–77
Crippen, dr. 77
cupping 36
Curie, Marie 81
Custer, luitenant-kolonel George 82

## D
Dalai Lama 64
Dalí, Salvador 71
dammen 121
darmen 22–23, 31, 53
Darwin, Charles 206
dichters 70
dieren 93, 98, 115, 116, 135, 165–189
dinosauriërs 169
Diogenes 80
DNA 214–215
dolfijnen 175, 187, 188
donder 148
Dracula, graaf 76
Dynasphere 111

## E
echolocatie 187
Edison, Thomas 81, 94
Egypte, oude 37
eieren 167, 195
Einstein, Albert 81, 202–205, 207, 209
Elagabalus, Romeinse keizer 66
elementen 36
energie 194–195

## F
fabrieken 96–97
filosofen 80
Fleming, Alexander 52, 94
fluoresceren 197, 201
Ford, Henry 96, 110
Franciscus van Assisi, Sint 64
Franklin, Benjamin 80
fruit 154, 162, 163

## G

Gagarin, Joeri 134
gal 22, 27, 29, 36
Gandhi, Mahatma 64
gangsters 73
gebouwen 90–91
gehoor 13, 186
genen 214–215
George III, koning 69
gereedschap 92
getallen 212–213
geuren 30, 31, 182, 200
gewichtloosheid 134, 155
gezicht 13, 37, 186
gezondheid 35–59
Gogh, Vincent van 71
Grieken 53, 80, 84, 108, 136, 172, 212, 213
griep 48, 49
Grote, Alexander de 62, 80
Grote Pestepidemie, Londen 43
Guevara, Che 63

## H

haaien 174, 180
haar 16
hagedissen 116, 169, 177, 183
hart 24, 56, 208
Hawking, Stephen 81
heersers 66–69
heksenkringen 161
helden 62–63
Henry VIII, koning 68, 69
Herodes I de Grote 66
hersenen 10–11, 28, 33, 59, 166
hiv/aids 45, 55
honing 173

Hood, Robin 72
Hughes, Howard 74
huid 13, 14–15, 30, 160
huidtransplantaties 40, 41, 52
huizen 74, 75, 90, 91, 176–177
hyena's 180

## I J

ijsberen 170, 179, 187
India 41, 89, 141, 146
Industriële Revolutie 96
ingewanden 22–23, 31
inktvis 174
insecten 158–159, 172–173, 179
internet 103
Ivan de Verschrikkelijke, tsaar 67
Jack the Ripper 76
Jeanne d'Arc 65
Jupiter 126
juwelen 75

## K

kakkerlakken 172, 186
kameleons 169, 183
kapper/chirurgijn 41
katten 170, 171, 188
kattenogen 95
kauwen 21
Kellogg, dr. John 39
Kelly, Ned 72
kevers 173, 179, 181, 189
kikkers 168, 185
King, Martin Luther 65
knipperen 13
kometen 133
konijnen 171, 178
koraal 175
kou 150–151, 152

krokodillen 168
kunstenaars 71
kwakzalvers 38–39
kwantumtheorie 203
kwik 38, 206

## L

landbouw 92, 98
lava 123
Leonardo da Vinci 80
lianen 153
licht 196–197
lijkenrovers 77
Lodewijk XIV, koning van Frankrijk 74
Londense metro 109
lopende band 96
luchtschepen 106

## M

maagzuur 23, 28
maan 128–129, 192
machines 92, 93, 98
Magelhaen, Ferdinand 63
malaria 45
Mandela, Nelson 65
Mars 125, 129
medicijnen 52–53, 57, 94
Melkweg 136
menselijk lichaam 9–33, 36, 46, 58–59, 160
Mercurius 125, 129
meteoroïden/meteorieten 132, 133
microben 30–31, 46–47, 195
mieren 172, 189
misdadigers 72
moesson 146
moordenaars 76–77
morsecode 104
motten 185, 186, 187

Mount Everest 118, 119
Mozart, Wolfgang Amadeus 70, 80
muizen 184, 186
Mumbai 89

# N
nagels 17
nanotools 93
Napoleon Bonaparte 68
Neptunus 126, 127
Nero, Romeinse keizer 68
nesten 176, 177
neuronen 11, 33
Nevison, 'Snelle Nick' 72
Newton, Isaac 80, 206, 208
nieren 25, 58
niezen 19, 47
Nightingale, Florence 64

# O
oceanen 114–115, 121
octopussen 174, 183
oerknal 136, 208
ogen 9, 13, 54, 58, 166
olifanten 171, 186, 189
ontdekkingsreizigers 63
oorsmeer 19
operaties 11, 40–41, 54–57
orchideeën 162
oren 13, 36
orgaantransplantaties 56–57
orkanen 144–145
overlevenden van vliegtuigcrash 79
overlevers 78–79
overstroming 140, 145, 146–147
Owen, Richard 207
Owens, Jesse 84

# PQ
padden 50, 185
paddenstoelen 160–161
palingen 180, 187
Paracelsus 38
Parks, Rosa 65
Pelé 85
penicilline 52, 94, 161
pest 42
pinguïns 188, 189
piramides 90
plaag 42–43
planeten 124–127
planten 117, 152–163
plassen 25, 26, 79
Plato 80
Play-doh 95
poep 27, 32, 90, 162, 200
pokken 53
polen 150, 152, 154
prairiehonden 176
protheses 37, 58
puberteit 33
puisten 15
pukkels 51
quarks 199

# R
regen 140–141, 146
rekenmachines 102
relativiteit 202, 203, 209
renkoekoeken 167
reptielen 168–169
reuk 12, 187
ringwormen 50
rivieren 119, 120–121, 146
road-trains 110
Robespierre, Maximilien de 67
robot 54, 55, 97
Rocket 108
rolschaatsen 95
Rome 88, 90
Romeinen 66, 68, 100
röntgenstralen 208
roos 15
Rosas, Juan Manuel de 67
ruimte 78, 134–135, 192
ruimtepakken 135, 192
Ruth, George 'Babe' 84

# S
Sahara 116, 178
Salk, Jonas 94
Saturnus 127, 129
schaken 81, 103
schedelboren 37
scheetkussen 95
schelpdieren 175, 177
schepen 104–105
scheten 31, 53, 95
schimmels 50, 94, 160–161, 215
schrijvers 70, 71
Schweitzer, Albert 64
Seacole, Mary 64
Selkirk, Alexander 78
seriemoordenaars 77
Shackleton, Ernest 78
Shakespeare, William 71
Shipman, Harold 77
slangen 169, 181, 182
slangenolie 38
sleutelgatchirurgie 55
smaak 13, 32
sneeuw 150, 151, 179
snot 18, 47
spaceshuttle 135
spectrum 197

speeksel 18
spieren 20–21, 194, 210
spijsvertering 9, 22–23, 39
spinnen 181, 192
spoorwegen 108–109
sport 83, 84–85
sporters 84, 85
St.-Petersburg 88
stamcellen 59
Stealth 107
steden 88–89, 146
steenpuisten 51
stenen tijdperk 37, 92
steroïden 53
sterren 130–131, 137, 198
stinkvoeten 30
stofmijt 14
struikrovers 72
subatomische deeltjes 198, 199, 203

# T

Tagliacozzi, dr. 40
tanden 31, 37
tastzin 13, 186
teflon 95
tektonische platen 122, 123
tennis 85
termieten 172, 185
Theresa, Moeder 65
tijdreizen 204–205
tinamoes 167
toiletten 100–101, 134
Tokyo 89
tong 13, 21
tornado 143
Toussaint l'Ouverture 62
tranen 19
transplantaties 41, 56–57
treinen 108–109

tsunami 147
tuatara's 177, 179
tuberculose (tbc) 39, 44
Turpin, Dick 72

# U

uitslag 50–51
uitvindingen 80, 81, 94–95
universum 136–137, 194
Uranus 126, 127, 129
urine 26, 79

# V

vaccin 45, 49, 94
vallende sterren 133
Venus 124, 129
verdoving 40, 54
vergif 160, 168, 180, 181
verkoudheden 48–49
Vinci, Leonardo da 80
virussen 31, 35, 46–50, 55
vissen 176, 180, 182, 184, 188
Vlad de Spietser 76
vleermuizen 162, 170, 187
vleesetende planten 158–159
vliegtuigen 94, 106–107, 210
vlinders 173
vloedgolf 145
vlooien 43
vlucht 106–107
voedsel 22–23, 44, 53, 98–99, 195
voetbal 83, 85
vogels 162, 163, 166–167, 176, 177, 184, 186, 187, 188, 189
vulkanen 114, 115, 123, 153

# W

Wallace, William 62
walvissen 171, 175, 184, 188
Washington, George 63
water 119, 121
watervallen 115, 121
weefselconstructie 57, 59
weer 140–151
wereldoorlogen 96, 106, 200
wespen 177, 181, 185
wetenschappers 80, 81, 83, 206–207
wiel 92
wilde Westen 73
wimpers 13
wind 142–143, 150
wiskunde 212–213
woestijnen 116–117, 153, 155, 178, 179
wolken 141
wolkenkrabbers 91
Woods, Tiger 85
wratten 50

# Z

zaden 162–163
zandstormen 143
zeedieren 174–175
zeerampen 78, 79
ziektekiemen 46–47, 54
ziektes 35, 42–49, 99
zintuigen 12–13, 186–187
zon 130–131
zonnestelsels 136–137, 209
zoogdieren 170–171, 175, 177
zwaartekracht 192–193, 208
zwarte gaten 137, 205

# Verantwoording

Al het beeldmateriaal is ter beschikking gesteld door Guy Harvey

Fotoverantwoording:
o – onder, b – boven, r – rechts, l – links, m – midden
Omslag: l Dreamstime.com/Steve Luker, m NASA, r Buddy Mays/Corbis

1 Drazen Vukelic/Dreamstime.com, 3 Dreamstime.com, 4 Dreamstime.com/Joao estevao Andrade de freitas, 6-7 Andrew Davis/Dreamstime.com, 6b Wayne Abraham/Dreamstime.com, 6o Dreamstime.com/Kathy Wynn, 7b Dreamstime.com, 7o John Kounadeas/Dreamstime.com, 8-9 Dreamstime.com/Monika Wisniewska, 9lo Dreamstime.com/Steve Luker, 9bm Dreamstime.com/Janet Carr, 9ro Dreamstime.com, 10 Dreamstime.com, 11b Corbis/Roger Ressmeyer, 11o Dreamstime.com/James Steidl, 12 Dreamstime.com/Steve Luker, 13b Dreamstime.com/Fallenangel, 13o Dreamstime.com/Andy Piatt, 14 Corbis/Bob Sacha, 15l C/Mediscan, 15b Dreamstime.com/Graça Victoria, 16 Dreamstime.com/Noriko Cooper, 17b Dreamstime.com/Mandy Godbehear, 17o Dreamstime.com/Silas Brown, 18b Dreamstime.com, 18o Grace/zefa/Corbis, 19 C/Larry Williams, 20-21 Dreamstime.com/Janet Carr, 20b Dreamstime.com/Jason Stitt, 21b Dreamstime.com/Peter Galbraith, 22 Dreamstime.com/Showface, 23b Visuals Unlimited/Corbis, 23o Dreamstime.com/Eraxion, 24-25 Dreamstime.com/Sebastian Kaulitzki, 24 Corbis/Angelo Christo/zefa, 25 Corbis/Howard Sochurek, 26 Dreamstime.com/Milan Kopok, 27b Dreamstime.com/Daniel Schmid, 27o Dreamstime.com/Jeecis, 28 Heiko Wolfraum/dpa/Corbis, 29o Dreamstime.com, 29b Lester V. Bergman/CORBIS, 30o Dreamstime.com/Simone Van Den Berg, 30b Dreamstime.com/Monika Wisniewska, 31 Lester V. Bergman/Corbis, 32 Dreamstime.com/Andrew Taylor, 33b Dreamstime.com/Sherrie Smith, 33o Parrot Pascal/Corbis Sygma, 34-35 Dreamstime.com/Lee Reitz, 35l Dreamstime.com/ Vladimirs, 35m Dreamstime.com/Lee Reitz, 35r Dreamstime.com, 36 Dreamstime.com, 37 Reuters/Corbis, 38o Dreamstime.com/Lee Reitz, 38b Dreamstime.com/Andra Cerar, 39 Bettmann/Corbis, 40b Bettmann/Corbis, 40o Dreamstime.com/Eldoronki, 41l Richard A. Cooke/Corbis, 41r Dreamstime.com, 42 Bettmann/Corbis, 43b Dreamstime.com/Vladimirs, 43o Bettmann/Corbis, 44o Dreamstime.com/Alex Kalmbach, 44b Jon Feingersh/zefa/Corbis, 45b Dreamstime.com/Yuen Che Chia, 45o Dreamstime.com, 46-47 Dreamstime.com, 46l Dreamstime.com/Ewa Walicka, 46r Dreamstime.com/Ryan Jorgensen, 47 Dreamstime.com/Simone van den Berg, 48-49 Dreamstime.com/Kati Neudert, 49b Visuals Unlimited/Corbis, 49o Dreamstime.com, 50l Dreamstime.com, 50o Dreamstime.com/Bruce Macqueen, 51 Dr. Milton Reisch/Corbis, 52b Dreamstime.com, 52o Anthony Bannister; Gallo Images/Corbis, 53b Dreamstime.com/Scott Rothstein, 53o Dreamstime.com/Edward Westmacott, 54o Dreamstime.com/Ljupco Smokovski, 54b Dreamstime.com/Fallenangel, 55 Deamstime.com, 56-57 Bettmann/Corbis, 56b Dreamstime.com/Clint Scholz, 57b Pascal Rossignol/Reuters/Corbis, 58 Ed Kashi/Corbis, 59 Robert Galbraith/Reuters/Corbis, 60-61 Dreamstime.com, 62l Dreamstime.com, 61m Dreamstime.com/Antonio Ballesteros, 61r Dreamstime.com/Ryan Jones, 62b Dreamstime.com/Antonio Ballesteros, 62o Bettmann/Corbis, 63l d8/Scott Rothstein, 63r d8/Lori Martin, 64 Dreamstime.com/Eti Swinford, 65l Louise Gubb/Corbis, 65r Dreamstime.com/James Hearn, 67l Stefano Bianchetti/Corbis, 67r Handke-Neu/Corbis, 68b Dreamstime.com/Rafael Laguillo, 68o Dreamstime.com/Vladimir Pomortsev, 69l Richard Melloul/Sygma/Corbis, 69r Michael Nicholson/Corbis, 70-71 Dreamstime.com/Romulus Hossu, 70o Dreamstime.com/Ewa Walicka, 71o Hulton-Deutsch Collection/Corbis, 72o Dreamstime.com/Aleksandr Lobanov, 73 Siemonet Ronald/Corbis Sygma, 74b Bettmann/ Corbis, 74o Dreamstime.com/Simon Gurney, 75b Dreamstime.com/Michael Shake, 75o Dreamstime.com/Scott Rothstein, 76o Dreamstime.com/Lyn Baxter, 76b Dreamstime.com, 77 John Bryson/Sygma/Corbis, 78b Dreamstime.com, 79b Group of Survivors/Corbis, 79o Dreamstime.com/Olaf Schlueter, 80 Dreamstime.com/Vladimir Pomortsev, 81m Hulton-Deutsch Collection/Corbis, 81o Dreamstime.com/Ryan Jones, 82b Corbis, 82o Dreamstime.com, 83b Dreamstime.com/Sandra Henderson, 83o Reuters/Corbis, 84b Bettmann/Corbis, 84o Dreamstime.com/Steve Degenhardt, 85b Dreamstime.com, 85o Dreamstime.com/Dragan Trifunovic, 86-87 Ralph Paprzycki/Dreamstime.com, 87l Andrew Davis/ Dreamstime.com, 87m Shuttlecock/Dreamstime.com, 87r 88 Dreamstime.com, 89l Dreamstime.com/Utsav Arora, 89r Ralph Paprzycki/Dreamstime.com, 90-91 Andrew Davis/ Dreamstime.com, 90b Jonathan Blair/Corbis, 92b Maurice Nimmo; Frank Lane Picture Agency/Corbis, 92-93 Utsav Arora/Dreamstime.com, 93b Dreamstime.com/Kirill Zdorov, 93o NASA, 94 Bettmann/Corbis, 95b Edite Artmann/Dreamstime.com, 95o Dreamstime.com, 96b Anthony Hall/Dreamstime.com, 97 Gideon Mendel/Corbis, 98l Joe Gough/Dreamstime.com, 98r Dreamstime.com/Soldeandalucia, 99b Johanna Goodyear/Dreamstime.com, 99o Leon Forado/Dreamstime.com, 100l Editoria/Dreamstime.com, 100r Dreamstime.com, 101l Dreamstime.com, 101r Corbis, 102o Joris Van Den Heuvel/Dreamstime.com, 103l Louie Psihoyos/Corbis, 103r Pablo Eder/Dreamstime.com, 104-105 Rob Bouwman/Dreamstime.com, 104 Robert Creigh/Dreamstime.com, 105b Lein De Leon/Dreamstime.com, 106-107b Wayne Abraham/Dreamstime.com, 106-107o Wayne Mckown/Dreamstime.com, 107r Prestong/Dreamstime.com, 108 Bettmann/Corbis, 109t Ian Klein/Dreamstime.com, 109o John Leung/Dreamstime.com, 110l Linda & Colin Mckie/Dreamstime.com, 110-111 Shuttlecock/Dreamstime.com, 111 Hulton-Deutsch Collection/Corbis, 112-113 NASA, 113l NASA, 113m Digital Vision, 113r Roger Degen/Dreamstime.com, 114-115 Naluka/Dreamstime.com, 114 John Kounadeas/Dreamstime.com, 115b NASA, 115o Wikipedia/msauder, 116-117 Roger Degen/Dreamstime.com, 116b Dreamstime.com/Vladimir Pomortsev, 117o Laurin Rinder/Dreamstime.com, 118b Dreamstime. com/Jose Fuente, 118o Didrik Johnck/Corbis, 119b Dreamstime.com, 120-121 Nicole Andersen/Dreamstime.com, 121 Isospin123/Dreamstime.com, 122 Chris 73/ http://commons. wikimedia.org/wiki/Image:Bridge_across_continents_iceland.jpg, 123 Digital Vision, 124b ESA, 124o NASA, 125 all NASA, 126-127 all NASA, 128-129 NASA, 128 Mark Bond/ Dreamstime.com, 129b NASA, 129o ESA/DLR/FU Berlin (G. Neukum), 130-131 NASA, 132-133 NASA, 132 Corbis, 133 Sebastian Kaulitzki/Dreamstime.com, 134l Bettmann/Corbis, 134-135 NASA, 135b Bettmann/Corbis, 135o NASA, 137b Hyside/Dreamstime.com, 137o NASA, 138-139 Ian Francis/Dreamstime.com, 139l Tiger Darsn/Dreamstime.com, 139m Dreamstime. com, 139r 140b Bettmann/Corbis, 140o Dreamstime.com, 141 Dreamstime.com, 142-143 Eric Nguyen/Corbis, 142b Amelia Takacs/Dreamstime.com, 143 Michael Freeman/Corbis, 144 Amy Ford/Dreamstime.com, 145 Stringer/USA/Reuters/Corbis, 146-147 Lanceb/Dreamstime.com, 147b James Robert Fuller, 147o Andy Nowack/Dreamstime.com, 148 Dreamstime.com/ Marcelo Zagal, 149b Jim Reed/Corbis, 149o Jerry Horn/Dreamstime.com, 150-151 Matej Krajcovic/Dreamstime.com, 150b Dreamstime.com/Jan Will, 151r Dean Conger/Corbis, 151-152 Tiger Darsn/Dreamstime, 152l Gail Johnson/Dreamstime.com, 153 Andreasguskos/Dreamstime.com, 154 Dreamstime.com, 155b Elena Elisseeva/Dreamstime.com, 155o Dreamstime. com/Alantduffy1970, 156o Dreamstime.com, 156-157 Dreamstime.com/Kar Yan Mak, 157r Dreamstime.com, 158l Neil Miller; Papilio/Corbis, 158b Norman Chan/Dreamstime.com, 160o Lester V. Bergman/Corbis, 160r Sergey Zholudov/Dreamstime.com, 161r Adam Płonka/Dreamstime.com, 162l Oktay Ortakcioglu/Dreamstime.com, 162b Anette Linnea Rasmussen/ Dreamstime.com, 163b Nik Wheeler/Corbis, 163o Alexander Kolomietz/Dreamstime.com, 164-165 Corbis, 165l 172b Dreamstime.com/Joao estevao Andrade de freitas, 165m Dreamstime.com/Stephen Girimont, 165r Dreamstime.com/Andy Heyward, 166 Dreamstime.com/Kathy Wynn, 167o Paul Wolf/Dreamstime.com, 168b Dreamstime. com, 168o Dreamstime.com/David Hancock, 169 Buddy Mays/Corbis, 170b Dreamstime.com/Christopher Marin, 170o Dreamstime.com/Anthony Hathaway, 171 Dreamstime.com/David Pruter, 172b Dreamstime.com/Joao estevao Andrade de freitas, 172o Dreamstime.com/Marek Kosmal, 173b Dreamstime.com/Ron Brancato, 173o Dreamstime.com/Chris Fourie, 174-175 Stuart Westmorland/Corbis, 174l Amos Nachoum/Corbis, 175b Dreamstime.com/Asther Lau Choon Siew, 176l Dreamstime.com/Isabel Poulin, 176r Dreamstime.com/Stephen Girimont 177b Eendicott/Dreamstime.com, 177o Dreamstime.com/Ken Cole, 178l Dreamstime.com/Can Balcioglu, 178b Joe McDonald/Corbis, 179 Dreamstime.com/Andy Heyward, 180 Eric Coia/ Dreamstime.com, 181o Dreamstime.com/Rachel Barton, 182 Tim Davis/Corbis, 182-183o Dreamstime.com/Vladimir Kindrachov, 184b John Loader/Dreamstime.com, 184o Dreamstime. com/Brett Atkins, 185o Mono Andes, 186 Dreamstime.com/Stephen Inglis, 187l Dreamstime.com/Fred Goldstein, 187o Jeff Clow/Dreamstime.com, 188 Denis Scott/Corbis, 189b Bernard Breton/Dreamstime.com, 189o Andre Nantel/Dreamstime.com, 191l Matthias Kulka/zefa/Corbis, 191m Dreamstime.com/Andreus, 191r Dreamstime.com/Anita Patterson Peppers, 192b Sonya Etchison/Dreamstime.com, 192o NASA, 193 Drazen Vukelic/Dreamstime.com, 194l Dreamstime.com, 194b Dreamstime.com, 195b Rainer/Dreamstime.com, 195o Dreamstime. com, 196-197 Jacek Kutyba/Dreamstime.com, 196b Steve Lupton/Corbis, 197b Red2000/Dreamstime.com, 197o Matthias Kulka/zefa/Corbis, 198b NASA, 198o Stefan Baum/Dreamstime. com, 199 Dreamstime.com/Andreus, 200-201 Bob Sacha/Corbis, 201b Dreamstime.com/Anita Patterson Peppers, 201o Peter Kim/Dreamstime.com, 202l Dreamstime.com, 203b Kevin Fleming/Corbis, 204-205 Dreamstime.com, 204l Bettmann/Corbis, 206o Dreamstime.com, 207b Bettmann/Corbis, 208l Dreamstime.com/Tyler Olson, 208b NASA, 208-209 Esa/V. Beckmann, 209 Bettmann/Corbis, 210l Dreamstime/Martin Plsek, 211b NASA, 211o NASA, 212b Dreamstime.com/Laura Bulau, 213 James Steidl/Dreamstime.com, 214b Rykoff Collection/Corbis, 214o Anthony Gaudio/Dreamstime.com, 214-215 Matthias Kulka/zefa/Corbis, 215 Jiri Castka/Dreamstime.com